AF292104

Universität Bielefeld

Fakultät für Soziologie

MA Politische Kommunikation

Master-Thesis

Die INSM zwischen interessengebundener Ideenagentur und Lobbygruppe

Master-Arbeit im Studienfach *Politische Kommunikation*

Mit der vorliegenden Arbeit schloß der Autor sein politikwissenschaftliches Studium mit dem Master of Arts in *Politische Kommunikation* ab. Die Arbeit wurde mit der Note 1.5 bewertet.

Die INSM zwischen interessengebundener Ideenagentur und Lobbygruppe
Master-Arbeit im Studienfach *Politische Kommunikation*
Udo Ehrich

Für meinen Onkel

Prof. Dr.-Ing. Friedrich-Wilhelm Ehrich

Impressum:
© Udo Ehrich 2019
3. Auflage

Umschlagphoto: © 2013 Udo Ehrich.
Das Photo zeigt den Übergang von der Straßenbahnhaltestelle zur Universität Bielefeld.

Herstellung und Verlag:
BoD – Books on Demand, Norderstedt
http://www.bod.de/
ISBN 978-3-7481-5929-2

Fertigstellung und Abgabe der Arbeit: August 2009

Inhalt

Vorwort zur neuen Ausgabe

Die Master-Arbeit über den Charakter der Initiative Neue Soziale Marktwirtschaft (INSM) als Lobbygruppe oder Ideenagentur erschien im Jahr 2010 im Grin-Verlag und war dort bis zum Sommer 2014 erhältlich. Diese Ausgabe erscheint mit einem neuen Umschlag und einer kleinen Erweiterung um aktuelle Literaturhinweise bei BoD – Books on Demand.
Die eigentliche Arbeit erscheint inhaltlich selbstverständlich im Original von 2009. Die wesentlichste Änderung, die an der Arbeit vorgenommen wurde, war die Ersetzung der amerikanischen Zitierweise durch Literaturnachweise in Fußnoten. Dies sorgt für eine bessere Nachvollziehbarkeit der einzelnen Quellen. Des weiteren wurde der eine oder andere grammatikalische oder Rechtschreibfehler, der vor fünf Jahren übersehen wurde, korrigiert. Inhaltlich wurde die Master-Arbeit nicht verändert.
Um die Arbeit im Original zu erhalten wurden die Internet-Adressen, die als Quellen verwendet wurden, nicht in der Arbeit sondern im Literaturverzeichnis mit Hilfe von Fußnoten zu den zu jeweiligen Internet-Adressen aktualisiert. Hier konnten auch nur jene Internet-Adressen aktualisiert werden, die entweder einen neuen Platz bekommen haben, oder aber im Internet-Archiv recherchiert werden konnten. Insbesondere hinsichtlich der INSM-Dauerstudie zur Zeit der ersten CDU/CSU/SPD-Koalition unter Kanzlerin Merkel, dem »Merkelmeter«, ist es bedauerlich, daß von den Einzelstudien, die dem Autor als PDF-Dokumente vorliegen, nur noch eine Studie im Netz über ein Internet-Archiv anwählbar ist. Die Initiative hat inzwischen den »Deutschland-Check«, der als Dauerstudie die Nachfolge des »Merkelmeters« antrat, aufgegeben und somit auch die dort archivierten Dokumente des »Merkelmeters«.
Neu hinzugefügt wurde hinter dem Literaturverzeichnis der Master-Arbeit ein kommentiertes Literaturverzeichnis mit einigen Hinweisen zu Büchern und Studien, die es zur Zeit der Erstellung der Arbeit nicht gab oder dem Autor nicht bekannt waren. Darüber hinaus wurde an der Veröffentlichung nichts verändert.

Über dieses Buch

Das vorliegende Buch enthält meine Studienarbeit zur Erlangung des Mastertitels im Studiengang Politische Kommunikation an der Universität Bielefeld. Mein Dank geht an meine Prüfer Dr. Torsten Strulik und Prof. Dr. Lutz Leisering für die Betreuung meiner Arbeit und die gute Bewertung! Danken möchte ich auch meiner Mutter Erika Ehrich, meiner Tante Hannelore Ehrich und meinem Onkel Prof. Dr. Friedrich-Wilhelm Ehrich für die finanzielle Unterstützung während meines Studiums, ohne die ich nicht hätte studieren können.

Udo Ehrich, Oktober 2009

Abkürzungsverzeichnis

ARD   Arbeitsgemeinschaft der Rundfunkanstalten Deutschlands

BDA   Bundesvereinigung der Deutschen Arbeitgeberverbände

BDI   Bundesverband der Deutschen Industrie

CDU   Christlich-Demokratische Union Deutschlands

DGB   Deutscher Gewerkschaftsbund

DIV   Deutscher Instituts-Verlag

epd   Evangelischer Pressedienst

FDP   Freie Demokratische Partei Deutschlands

hr   Hessischer Rundfunk

INSM   Initiative Neue Soziale Marktwirtschaft

IW   Institut der deutschen Wirtschaft, Köln

Kita   Kindertagesstätte

NRO   Nicht-Regierungs-Organisation

PR   Public Relations (Öffentlichkeitsarbeit)

SPD   Sozialdemokratische Partei Deutschlands

USA   United States of America (Vereinigte Staaten von Amerika)

WiWo   WirtschaftsWoche (Zeitschrift)

WSI   Wirtschafts- und Sozialwissenschaftliches Institut des DGB

1. Einleitung

1.1. Thema der Arbeit

In den letzten Jahren war die Initiative Neue Soziale Marktwirtschaft (INSM) immer wieder ein Thema in der Öffentlichkeit wie auch in den Sozialwissenschaften. In der Zeit nach ihrer Gründung im Jahr 2000 gründeten sich weitere sogenannte »Reforminitiativen« und Vereine, die gleiche oder vergleichbare Ziele verfolgten. In den Sozialwissenschaften wird indes die INSM als ein Vorbild für die anderen Initiativen betrachtet.[1]

Die Initiative betrachtet sich als eine »Reformbewegung von Bürgern, Unternehmen und Verbänden, die sich für mehr Wettbewerb und Arbeitsplätze in Deutschland« einsetzt, wenngleich ihre Abhängigkeit von den Arbeitgeberverbänden der Metall- und Elektroindustrie unübersehbar ist.

In der vorliegenden Arbeit soll nun der Frage nachgegangen werden, was die INSM eigentlich ist. Dabei soll insbesondere auch der Blick darauf gerichtet werden, inwieweit es sich bei der Initiative Neue Soziale Marktwirtschaft (INSM) um einen (advokatorischen) Think Tank oder eine Lobbygruppe handelt, beziehungsweise ob die INSM keiner dieser beiden Kategorien zuzuordnen, sondern sich entweder anderen Einrichtungen zuschlagen läßt oder ein neues Phänomen ist.

1.2. Literaturlage

Die Literaturlage zur Initiative Neue Soziale Marktwirtschaft hat sich in den letzten Jahren verbessert. In den Anfangsjahren bis etwa 2003 stand die Initiative Neue Soziale Marktwirtschaft selbst nicht besonders im Licht der Öffentlichkeit, weshalb sie verhältnismäßig ungestört ihrer Strategie nachgehen konnte. Die erste größere Arbeit über die INSM dürfte die Studie von Rudolf Speth (2004) gewesen sein, die dieser für die Hans-Böckler-Stiftung erstellt hatte. Um 2004 herum geriet die Initiative selbst auch stärker in den Fokus der Öffentlichkeit. Es folgte im Jahr 2005 eine Studie von Christian Nuernbergk, die sich mit der Medienwirksamkeit der INSM befaßte. Zu dieser Zeit stieg das öffentliche

---

[1] vgl. Leif, Thomas und Rudolf Speth: Lobby-Kampagnen. Zur Kolonisierung der Öffentlichkeit. S. 358

Interesse insgesamt, und auch der zivilgesellschaftliche Verein LobbyControl befaßte sich unter anderem mit dem Wirken der INSM. In der Medienberichterstattung geriet die Initiative als solche stärker in den Mittelpunkt des Interesses. Zunehmend wurde über die Initiative selbst kritisch berichtet. Im Jahr 2006 folgte dann eine weitere Studie von Rudolf Speth, die neben der Initiative Neue Soziale Marktwirtschaft auch weitere Wirtschaftskampagnen in den Blick nahm. Auch beim Netzwerk Recherche, einer Vereinigung kritischer Journalisten, wurde der INSM und ihren Strategien stärkere Beachtung geschenkt.

So entstanden insbesondere in der Zeit zwischen 2003 und 2006 eine Reihe von Studien und kritischen Berichten über die Initiative Neue Soziale Marktwirtschaft. Deren öffentliche Aktivitäten nahmen zum Jahr 2007 spürbar ab, und somit verlor sich auch das öffentliche Interesse an der INSM.

Auch bei den Themen Think Tanks und Lobbyismus entwickelt sich zunehmend die Literatur. Josef Braml stellte 2004 in einer Studie einen Vergleich zwischen amerikanischen Think Tanks und deutschen Denkfabriken an. Winand Gellner schlägt indes statt des Begriffs der »Denkfabrik« die Bezeichnung »Ideenagentur« vor.[2] Gerade angesichts der zunehmenden Bedeutung von Think Tanks oder Ideenagenturen in Deutschland entwickelt sich auch das wissenschaftliche Interesse in diesem Bereich.

Ähnliches läßt sich für den Bereich des Lobbyismus beobachten. Das sozialwissenschaftliche Interesse an diesem Phänomen blieb lange Zeit eine Untergruppe der Verbandeforschung.[3] Mit der zunehmenden Bedeutung des Lobbyismus in der »Berliner Republik« und auf der Ebene der Europäischen Union nimmt auch hier die wissenschaftliche Forschung zu, die den Lobbyismus in den Mittelpunkt stellt. Wie auch auf dem Feld der Think Tanks befindet sich die Forschung hier zwar nicht in den Anfängen, befaßt sich jedoch zunehmend und ausführlicher mit diesen Problemen. Hier ist in naher Zukunft auch noch einiges zu erwarten.

---

[2] vgl. Gellner, Winand: Ideenagenturen für Politik und Öffentlichkeit. S 15ff
[3] vgl. Leif, Thomas und Rudolf Speth: Anatomie des Lobbyismus. S. 30

1.3. Aufbau der Arbeit

Hierzu werden zunächst im ersten Kapitel unterschiedliche Formen von Think Tanks dargestellt, anhand derer die Frage untersucht werden soll, ob sich die Initiative Neue Soziale Marktwirtschaft in einer der Think Tank Gruppen einordnen läßt. Dabei wird ein Blick auf die unterschiedlichen Think-Tank-Familien geworfen sowie deren Einfluß auf das Regieren in nationalem Kontext sowie im Global Governance Kontext geworfen. Anschließend werden unterschiedliche Darstellungen von Lobbygruppen beschrieben, woraufhin die wesentlichen Unterschiede zwischen Think Tanks und Lobbygruppen hervorgehoben werden und die Frage diskutiert wird, ob advokatorische Think Tanks bereits in den Bereich von Lobbygruppen hineinreichen. Abschließend wird die Problematik des PR-Journalismus beleuchtet, die für dieses Thema ebenfalls eine Rolle spielt.

Im dritten Kapitel wird zunächst ein Blick auf die Entstehungsgeschichte und die Ziele der INSM geworfen. Daran anschließend befaßt sich das vierte Kapitel mit dem System der Botschafter der INSM und den Umgang der Initiative mit den Medien. In diesem Rahmen wird nicht nur ein Blick auf die Kommunikationsstrategien geworfen, sondern auch auf die INSM als Objekt der Berichterstattung. Im fünften Kapitel werden die Ranking-Studien der INSM beleuchtet, wobei nach einem eher allgemeinen Blick auf wesentliche Studien der Initiative das sogenannte »Merkelmeter« eingehender untersucht wird. Anschließend werden im sechsten Kapitel die Ergebnisse der Darstellungen zusammengeführt und die Frage untersucht, was die INSM nun tatsächlich ist. Ein Überblick und Hinweise auf die nächste Zukunft der INSM werden im Fazit gegeben.

2. Think Tanks und Lobbyismus

Im folgenden Kapitel sollen nun die wesentlichen Merkmale von Think Tanks und Lobbygruppen herausgearbeitet werden. Am Ende des Kapitels werden dann Kriterien ausgearbeitet, anhand derer untersucht wird, ob die Initiative Neue Soziale Marktwirtschaft eher den (advokatorischen) Think Tanks oder den Lobbygruppen zuzuordnen ist.

2.1. Think Tanks

Think Tanks spielen in den USA in der Politikberatung eine wesentliche Rolle, was seit einigen Jahren auch zunehmend für die Bundesrepublik zutrifft. Dabei läßt sich indes beobachten, daß die unterschiedlichen politischen Kulturen der beiden Länder auch hinsichtlich des Zugangs der Think Tank zur Politik unterschiedliche organisatorische Formationen erzeugen.[4] Bevor nun auch hierauf kurz eingegangen wird, sollen zunächst die unterschiedlichen Definitionen und Familien von Think Tanks dargestellt werden.

2.1.1. *Definition und Funktionen von Think Tanks*

Der Begriff des »Think Tanks« wird im Deutschen gerne mit dem Begriff der »Denkfabrik« übersetzt, was an der Sache vorbeigehe, wie Winand Gellner findet, denn dieser Begriff impliziere eine Fließbandproduktion von Gedanken.[5] Er unterschiedet zwei Haupttypen von Think Tanks, nämlich die »wahren« Think Tanks und die »politischen« Think Tanks, wobei er für letztere den Begriff der »politischen Ideenagentur« vorschlägt.[6] Dabei handelt es sich um Einrichtungen, die nicht gewinnorientiert, deshalb von der Entrichtung von Steuern befreit seien und in der Regel den Status der Gemeinnützigkeit genössen. Ihre Finanzierung bestreiten sie aus Spenden, Stiftungsvermögen und/oder Forschungsaufträgen sowohl von öffentlichen wie auch von privaten Geldgebern.[7]

Josef Braml, der sich in seiner Studie zu Think Tanks und Denkfabriken an der Definition von R. Kent Weaver und James

---

[4] vgl. Gellner, Winand: Ideenagenturen für Politik und Öffentlichkeit. S. 21
[5] vgl. ebd. S. 15
[6] vgl. ebd. S. 18
[7] vgl. ebd.

McGann orientiert, fügt diesen Kriterien noch jenes der Unabhängigkeit vom zentralen politischen Entscheidungssystem hinzu.[8]

Die »politischen Ideenagenturen« werden schließlich von Gellner in drei Typen eingeteilt, nämlich die »Universitäten ohne Studenten«, die organisatorisch unabhängigen Institute, die nicht von einer Partei oder Interessengruppe dominiert werden, sowie die »interessengebundenen Ideenagenturen«.[9]

In seiner Studie unterschiedet Braml indes zwei Familien und vier Typen von Think Tanks: Die Familien der politisch/ideologisch identifizierbaren sowie jene der politisch-ideologisch nicht identifizierbaren Think Tanks. Innerhalb dieser Familien unterscheidet er die Typen der advokatorischen und parteiischen Think Tanks, welche zur ersten Familie gehören und die Typen der akademischen und auf Vertragsbasis forschenden Think Tanks, welche zur zweiten Gruppe gehören.[10]

Die Konzeptionen nach Gellner und Braml sind miteinander vergleichbar, sie identifizieren im Kern die gleichen Phänomene. Die politischen Ideenagenturen, denen Gellner in seiner Arbeit seine Aufmerksamkeit widmet[11] entsprechen den politisch identifizierbaren Think Tanks bei Braml. Hinsichtlich der Begrifflichkeit hat sich der Begriff der »politischen Ideenagentur« innerhalb der Literatur weitgehend nicht durchgesetzt. In dieser Arbeit soll jedoch von diesem Begriff insoweit Gebrauch gemacht werden, als Bezug auf die Konzeption Gellners genommen wird. Ansonsten findet der nicht übersetzte Begriff des Think Tanks Anwendung, wie es in der überwiegenden Literatur auch gehandhabt wird.

Die Funktionen von Think Tanks erstrecken sich auf die Produktion und Bereitstellung von Wissen und Ideen, deren Verbreitung, den Aufbau von Netzwerken und der Elitentransfer.[12] Hierauf soll weiter unten noch näher eingegangen werden.

Hinsichtlich der Forschung unterscheiden sich die akademischen und der auf Vertragsbasis forschenden Institute von ihren advokatorischen Kollegen. Die Wissenschaftler, die in den Universitäten ohne Studenten arbeiten, sind auf ihre wissenschaftliche Reputa-

---

[8] vgl. Braml, Josef: Think Tanks versus »Denkfabriken«? S. 555
[9] vgl. Gellner, Winand: Ideenagenturen für Politik und Öffentlichkeit. S. 34ff
[10] vgl. Braml, Josef: Think Tanks versus »Denkfabriken«? S. 553
[11] vgl. Gellner, Winand: Ideenagenturen für Politik und Öffentlichkeit. S. 19
[12] vgl. ebd. S. 33

tion bedacht und wechseln auch häufig zwischen ihren Instituten und Universitäten. Die Ergebnisse der Forschung dieser Einrichtungen sind daher auch in der Regel Beiträge zur wissenschaftlichen Debatte, beziehungsweise längere wissenschaftliche Monographien.[13]

Die unabhängigen Institute erheben den Anspruch wissenschaftlicher Forschung, zeigen jedoch dabei auch eine weltanschauliche oder politische Ausrichtung. Als Beispiele wären hier das Öko-Institut oder das Frankfurter Institut zu nennen.[14]

Als dritter Typ zeichnen sich die interessengebundenen Ideenagenturen durch eine enge Bindung an ihre Mutterorganisation aus. Beispiele hierfür wären die Parteistiftungen wie die Friedrich-Ebert-Stiftung (SPD) oder die Konrad-Adenauer-Stiftung (CDU).[15]

In diesen Instituten wird zuweilen die wissenschaftliche Forschung den politischen Zielen der Mutterorganisation untergeordnet.[16] In diese Kategorie fallen nicht nur die Parteienstiftungen sondern auch die verbandsnahen Forschungsinstitute wie das Institut der deutschen Wirtschaft in Köln (IW) oder das Wirtschafts- und Sozialwissenschaftliche Institut des DGB (WSI).[17]

Mit Blick auf die Forschung in den verschiedenen Typen von Think Tanks lassen sich darüber hinaus weitere Unterschiede identifizieren: Während akademische Think Tanks stärker auf längerfristige Forschung und hinsichtlich der politischen Beratung, die aus ihrer Forschung hervorgeht, auf zukunftsgerichtete Politikempfehlungen setzen, versuchen advokatorische Think Tanks mit aktuelleren und kürzeren Beiträgen unmittelbar Einfluß auf die politische Willensbildung und Entscheidung zu nehmen.[18] Dabei werfen die akademischen Think Tanks, wie oben bereits angedeutet, durchaus längere, wissenschaftliche Texte aus, während sich advokatorische Think Tanks bemühen, ihre Text kurz zu halten bis hin zu Schnellinformationen, die ein Abgeordneter auf dem Weg vom Büro zum Parlament lesen kann.[19]

Während ideologisch nicht identifizierbare Think Tanks vor allem

---

[13] vgl. Gellner, Winand: Ideenagenturen für Politik und Öffentlichkeit. S. 34
[14] vgl. ebd. S. 36
[15] vgl. ebd. S. 36f
[16] vgl. ebd.
[17] vgl. ebd.
[18] vgl. Braml, Josef: Think Tanks versus »Denkfabriken«? S. 608
[19] vgl. ebd. S. 608

Wert auf die Sichtbarkeit ihrer Ergebnisse in der Fachöffentlichkeit legen, bemühen sich advokatorische Think Tanks um Sichtbarkeit in der Medienöffentlichkeit. Dies hängt letztlich auch damit zusammen, daß ihnen Sichtbarkeit wichtig ist, um mögliche Sponsoren zu gewinnen und damit die Finanzierung sicherzustellen, aber auch, »um wahrnehmbaren Einfluß auf den politischen Entscheidungsprozeß auszuüben«.[20]

Das Eintreten für bestimmte Wertordnungen und eine offensive und sichtbare ideologische Festlegung ist für advokatorische Think Tanks dabei ein zweischneidiges Schwert. Zwar ist es auf der einen Seite notwendig, um die entsprechenden Sponsoren zu werben, auf der anderen Seite geht dieses sichtbare Eintreten für Ideologien zulasten der Glaubwürdigkeit der Think Tanks. Eine aggressive Vermarktungsstrategie sowie eine geringere wissenschaftliche Seriosität belasten offenbar die Glaubwürdigkeit der advokatorischen Institute.[21] In Deutschland spielt dabei die Bedeutung unparteiischer Wissenschaftlichkeit in der politischen Kultur eine noch größere Rolle als in den USA, weshalb sich auch die advokatorischen Think Tanks um den Anspruch und Anschein der Wissenschaftlichkeit bemühen.[22]

2.1.2. *Finanzierung von Think Tanks*

Hinsichtlich der Finanzierung der Think Tank gibt es Unterschiede zum einen zwischen den Typen von Think Tanks, als auch zwischen den verschiedenen Ländern, in denen diese tätig sind. So gilt in Deutschland die Finanzierung durch den Staat als besonderer Ausweis der Unabhängigkeit eines Think Tanks (Unabhängigkeit von privaten Interessen), während in den USA gerade die private Finanzierung als Beleg für die Unabhängigkeit der Einrichtung gilt (Unabhängigkeit vom Staat). Dies ist zurückzuführen auf die unterschiedlichen politischen Kulturen der beiden Länder.[23]

Entsprechend der Einschätzungen der Think Tanks selbst ist es in den USA für advokatorische Think Tanks, also solche mit einer klaren ideologischen Ausrichtung, einfacher, finanzielle Mittel zu akquirieren als für ideologisch nicht identifizierbare Think Tanks,

---

[20] Braml, Josef: Think Tanks versus »Denkfabriken«? S. 582
[21] vgl. Cassel, Susanne: Politikberatung und Politikerberatung. S. 183
[22] vgl. Thunert, Martin: Think Tanks in Deutschland - Berater der Politik? S. 32
[23] vgl. Braml, Josef: Think Tanks versus »Denkfabriken«? S. 565

zumal erstere es leichter haben, den Bedürfnissen der Medien entgegenzukommen und sich damit sichtbar – auch für Sponsoren – in der Öffentlichkeit zu positionieren.[24] Dies bedingt letztlich auch, daß in den USA die advokatorischen Think Tanks einen erheblichen Teil ihrer finanziellen Mittel für Marketing und PR-Maßnahmen verwenden, um für potentielle Sponsoren sichtbar zu sein und somit neue finanzielle Quellen erschließen zu können. Dies wiederum ist bei akademischen und auf Vertragsbasis forschenden Instituten bislang und zumal in dem Ausmaß nicht notwendig gewesen, so daß hier diese Gelder für die Forschung eingesetzt werden können.[25]

Die Mehrzahl der deutschen Institute stützt sich in erster Linie auf staatliche Finanzierung, die jedoch in der letzten Zeit knapper geworden ist. Stiftungen, die mit Interessengruppen oder Verbänden verbunden sind, hängen indes von der Finanzkraft der sie unterstützenden Verbände ab. So erfreut sich zum Beispiel das Institut der deutschen Wirtschaft in Köln (IW) als interessengebundene Ideenagentur oder advokatorischer Think Tank einer hervorragenden Finanzierung durch die Interessenverbände der deutschen Wirtschaft und verfügt mit seinen 111 Mitarbeitern über die Größenordnung einer Universität ohne Studenten.[26]

2.1.3.   *Die Rolle der Think Tanks in Policy-Netzwerken*

Als wesentliche Rollen von Think Tanks identifiziert Josef Braml 1. die Rolle der politikrelevanten Forschung, 2. der Transmission und Interpretation und 3. der Netzwerksrolle, Rekrutierungsrolle und Elitentransferrolle.[27] Dabei ist es für die Think Tanks wichtig, 1. im Hinblick auf die politikrelevante Forschung unterscheidbare eigene oder synthetisierte wissenschaftliche Expertisen zu präsentieren, diese 2. über private oder öffentliche Kanäle zu kommunizieren und 3. gegebenenfalls eigene Kommunikationsforen zu etablieren, »sowie Emissäre für ihre Expertisen zu rekrutieren, auszubilden und in die politische Welt zu senden«[28]. Im Gegensatz zu den USA wird in Deutschland mehr Wert auf die Forschungs-

---

[24] vgl. ebd.: S. 582ff
[25] vgl. ebd.: S. 607
[26] vgl. Gellner, Winand: Ideenagenturen für Politik und Öffentlichkeit. S. 37
[27] vgl. Braml, Josef: Think Tanks versus »Denkfabriken«? S. 556
[28] Braml, Josef: Think Tanks versus »Denkfabriken«? S. 556

rolle gelegt, während in den USA Networking, Elitentransfer und -rekrutierung sowie die Transmission und Interpretation der politikrelevanten Forschung eine größere Rolle spielt.[29] Elitentransfer und -rekrutierung bedeutet in diesem Zusammenhang, daß ein Austausch von Personal zwischen Think Tanks und (Einrichtungen) der Regierung stattfindet. Daß dieser Austausch zwischen Think Tanks und politischer Verwaltung in den USA stärker ausgeprägt als in Deutschland hängt wesentlich mit den rechtlichen und institutionellen Gegebenheiten in den beiden Ländern zusammen.[30]

Zu den Charakteristika der Ideenagenturen, die ideologisch mehr oder weniger festgelegt sind, gehört somit ihre Nähe zum politischen Entscheidungsprozeß, den sie mit ihren Ideen versuchen zu beeinflussen.[31] Dies bezieht sich auf alle Phasen des Politikprozesses, wobei den Phasen der Themenidentifikation und der Thematisierung besondere Bedeutung zukommt.[32]

Advokatorische Think Tanks werben für die Konzepte, die sie ausarbeiten, bis hin zu politischen Programmen. So entwickelten marktliberale Think Tanks nicht nur Konzepte zur Privatisierung, sondern setzten sich auch für diese ein. Sie warben im Rahmen von Netzwerken aus Akademikern, Journalisten, Ökonomen und anderen für die Idee der Privatisierung.[33] Dabei bemühten sich die Think Tanks auch, die Öffentlichkeit von den Vorteilen der Privatisierung zu überzeugen und stellten auch Material für Schulen und Universitäten zur Verfügung. Sie bemühten sich, in Politik und Wirtschaft Unterstützungsnetzwerke aufzubauen und trugen ihre Ideen über die Ländergrenzen hinweg bis hin zum IWF und der Weltbank.[34]

Während der Umsetzung der Privatisierungs-Politik assistierten einige der Think Tanks und begleiteten die Implementierung dieser Politik.[35] Zusammenfassend läßt sich hieraus feststellen, daß die advokatorischen Think Tanks marktliberaler Ausrichtung zu-

---

[29] vgl. ebd. S. 557
[30] vgl. Braml, Josef: Think Tanks versus »Denkfabriken«? S. 567
[31] vgl. Gellner, Winand: Ideenagenturen für Politik und Öffentlichkeit. S. 19
[32] vgl. ebd.: S. 27
[33] vgl. Stone, Diane: The Policy Roles of Private Research Institutes in Global Politics. S. 200f
[34] vgl. ebd. S. 201
[35] vgl. ebd. S. 202

nächst Wissen bereitstellten, durch ihre Werbung für das Agenda-Setting sorgten und während der Implementierung der Politik diese begleiteten.

Durch ihre Netzwerkbildung können Think Tanks einen Beitrag zu internationalem Regieren leisten. Wegen der Qualität ihres Wissens und ihrer Analysen werden sie gerne von Regierungen und internationalen Organisationen für Regierungsfunktionen unter Vertrag genommen oder kooptiert.[36]

Trotz dieser Entwicklungen und der Inanspruchnahme durch internationale Organisationen bleiben Think Tanks indes weitgehend in ihren nationalen Kontexten verwurzelt, wenngleich sie auch sowohl untereinander Netzwerke bilden als auch teilweise in verschiedenen Ländern Zweigstellen einrichten.[37]

2.1.4.   *Die Rolle der wissenschaftlichen Politikberatung*

Die Rolle wissenschaftlicher Politikberatung ist im Hinblick auf die Think Tanks bereits angedeutet worden. Insbesondere in der deutschen Kultur verbindet sich mit der Vorstellung wissenschaftlicher Beratung eine überparteiliche Objektivität der Berater.[38] Dabei stehen Berater und Beratene in einem besonderen Spannungsfeld.

In Teilen der Wissenschaft wird anwendungsorientierte wissenschaftliche Politikberatung eher als Einzelfallbeschreibung betrachtet, von der keine theoretische Möglichkeit der Verallgemeinerung zu erwarten ist. Auf der anderen Seite werfen jene Wissenschaftler, die anwendungsorientiert beraten, ihren theoretisch forschenden Kollegen vor Modelle zu entwickeln, die für die Praxis nichts taugen.[39] Aber der Streit verläuft nicht nur innerhalb der Wissenschaft. Auch zwischen Politik und Wissenschaft wird um »gute« wissenschaftliche Politikberatung gestritten: Auf der einen Seite wird beklagt, daß die Vorschläge zu weit von der Realität entfernt seien, auf der anderen Seite ist die Kritik verbreitet, daß institutionelle Hindernisse und ideologische Scheuklappen die Umsetzung der Ideen der Berater behindern.[40] Unstreitig ist indes,

---

[36] vgl. Stone, Diane: The Policy Roles of Private Research Institutes in Global Politics. S. 205
[37] vgl. ebd. S. 193
[38] vgl. Thunert, Martin: Think Tanks in Deutschland - Berater der Politik? S. 32
[39] vgl. Messner, Dirk: Wissenschaftliche Politikberatung. S. 164
[40] vgl. Thunert, Martin: Think Tanks in Deutschland - Berater der Politik? S. 30

daß Politik und Wissenschaft zwei voneinander getrennte gesellschaftliche Teilsysteme mit unterschiedlichen Aufgaben und Funktionslogiken sind.[41]

Jedoch erscheint die Vorstellung des wissenschaftlichen Beraters, der ohne Eigeninteressen nur das Gemeinwohl im Auge hat ebenso naiv wie die Vorstellung, daß letztlich auch der Politiker im Prozeß der Beratung ohne eigene Interessen ist und sich nur am Wohl der Bürger orientiere.[42]

Susanne Cassel geht davon aus, daß es nicht nur auf Seiten der Politiker, sondern auch auf Seiten der Bürger einen Beratungsbedarf gibt, und differenziert diesen auf Seiten der Bürger als »Politikberatung« und auf Seiten der Politiker als »Politikerberatung«, die sich voneinander unterschieden müssen, weil die Interessenlagen bei Politikern und Bürgern unterschiedlich sind.[43] Ziel der Politikberatung ist es, den Bürgern eine Hilfestellung zu geben für das Treffen kollektiver Entscheidungen.[44] Dabei sollten die Informationen möglichst leicht für die Bürger zugänglich sein, weil es für den Bürger rational ist, sich nicht über die Wahlalternativen zu informieren. Dies resultiert zum einen daraus, daß bei entsprechendem Wahlergebnis und Umsetzung der Vorschläge diese allen zugutekommen, gleichgültig wie gut sich die einzelnen Bürger zuvor informiert haben, und auf der anderen Seite die Frage steht, ob die einzelne Stimme des Bürgers überhaupt das Wahlergebnis entscheidend beeinflußt.[45]

Auf der Seite des Politikers steht das Interesse an der Wiederwahl. Dies führt letztlich dazu, daß Politiker dazu neigen, die Ergebnisse wissenschaftlicher Beratung strategisch einzusetzen, also nützliche Bestandteile auszuwählen um die eigenen Argumente wissenschaftlich zu untermauern, beziehungsweise zur Legitimation bereits anvisierter Entscheidungen zu nutzen.[46]

Doch auch der wissenschaftliche Berater kann als nicht frei von persönlichen Interessen im Beratungsprozeß betrachtet werden. Neben der Möglichkeit der geldlichen Entlohnung für seine Tätigkeit und der Möglichkeit, daß seine Beratungsvorschläge in kon-

---

[41] vgl. Mai, Manfred: Wissenschaft, Politik und Beratung. S. 458
[42] vgl. Cassel, Susanne: Politikberatung und Politikerberatung. S. 93
[43] vgl. ebd. S. 77
[44] vgl. ebd. S. 86
[45] vgl. ebd. S. 86ff
[46] vgl. ebd. S. 84f

krete Politik umgesetzt werden, kann auch der Reputationszuwachs im Interesse des Beraters liegen.[47]

Ein weiterer Aspekt ist zudem, daß das Wissenschaftssystem an sich interessiert daran ist, Einfluß, Drittmittel und Reputation zu sichern. Denn im Rahmen von Politikberatung geht es zuweilen auch um Forschung und die Festlegung von Schwerpunkten in diesem Bereich.[48] Letztlich geht es auch um mögliche Folgeaufträge.[49]

Diese Erwägungen von Eigeninteressen der Wissenschaft treffen noch mehr auf die advokatorischen Think Tanks zu, die sich einer bestimmten Weltanschauung verbunden fühlen und eine politische Anwaltschaft für bestimmte Ideen übernehmen, sich somit praktisch als »Wissens- und Ideenmakler«[50] betrachten.

Eine weitere Frage hinsichtlich der wissenschaftlichen Politikberatung stellt nach deren Legitimation. Es gibt ohne jeden Zweifel eine Zunahme an Beratung und damit auch eine entsprechende Zunahme an diversen Einrichtungen, in denen diese Beratung stattfindet zum Beispiel Beiräte, Kommissionen oder Runde Tische. Zu diesen scheint es keine Alternative zu geben, meint Manfred Mai in seinem Beitrag, und betont daher, daß es wenig Sinn mache, hier das Kind mit dem Bade auszuschütten, indem man komplett darauf verzichte.[51] In Anlehnung an Scharpf wird auf die Output-Legitimation des »Herrschaft kraft Wissens« verwiesen.[52]

Dennoch läßt sich die berechtigte Frage stellen, welche Legitimation das System als solches beanspruchen kann, wenn Wissenschaftler, die nicht durch die Wähler/innen direkt gewählt und ihnen auch nicht verantwortlich oder verpflichtet sind, die politische Agenda gestalten. Der Verweis auf die Legitimation durch gute Ergebnisse läßt jedoch außen vor, daß am Ende jemand darüber entscheiden muß, ob diese Ergebnisse gut oder schlecht sind. Fällt der Wähler diese Entscheidung über die sich beraten lassende Politik, wäre dies allenfalls eine Hilfskonstruktion zur Nachlegitimierung auf der Grundlage wissenschaftlicher Beratung getroffener Entscheidungen.

---

[47] vgl. ebd. S. 103
[48] vgl. Mai, Manfred: Wissenschaft, Politik und Beratung. S. 463
[49] vgl. Cassel, Susanne: Politikberatung und Politikerberatung. S. 103
[50] Thunert, Martin: Think Tanks in Deutschland - Berater der Politik? S. 31
[51] vgl. Mai, Manfred: Wissenschaft, Politik und Beratung. S. 469
[52] vgl. ebd.

2.2. Lobbyismus

2.2.1.   Definition und Formen von Lobbyismus

»Lobbying ist die Beeinflussung der Regierung durch bestimmte Methoden, mit dem Ziel, die Anliegen von Interessengruppen möglichst umfassend bei politischen Entscheidungen durchzusetzen. Lobbying wird von Personen betrieben, die selbst am Entscheidungsprozess nicht beteiligt sind«.[53] In dieser Definition steht die Interessendurchsetzung im Mittelpunkt des Lobbying. Als Adressaten des Lobbying gelten über die Regierung hinaus auch die Ministerialbürokratie und wichtige Parlamentarier, aber auch die Landesregierungen sowie die Europäische Kommission.[54] Der Lobbyismus richtet sich somit auf alle Phasen des Politikprozesses, in denen die kollektiv verbindlichen Entscheidungen vorbereitet werden.[55]

Lobbying hat Projektcharakter und zielt jeweils auf bestimmte politische Vorhaben oder Entscheidungen, wobei die Interessenvertretung durch Verbände in Anlehnung an Peter Köppl vom Lobbyismus zu unterscheiden ist, weil hier eine dauerhafte Vertretung von Interessen gegenüber der politischen Öffentlichkeit als auch verbandsintern stattfinde.[56] Hierin wird auch ein weiterer wesentlicher Unterschied gesehen: Interessenvertretung findet (auch) in der Öffentlichkeit statt, während Lobbying vor allem über informelle Kanäle jenseits der Öffentlichkeit verläuft.[57]

Dieser Sichtweise widerspricht Wehrmann. Eine solche begriffliche Differenzierung sei nicht sinnvoll, denn Lobbying sei der Versuch, Politikergebnisse kurz-, mittel- oder langfristig im Sinne der Interessenvertreter zu verändern.[58] Nicht nur würde im gesellschaftlichen Diskurs Verbandsarbeit mit Lobbying gleichgesetzt, sondern es würde auch analytisch auseinandergerissen was sachlich zusammengehöre.[59]

Hinsichtlich der Akteure des Lobbyismus hat es in den letzten

---

[53] Leif, Thomas und Rudolf Speth: Die fünfte Gewalt – Anatomie des Lobbyismus in Deutschland. S. 12
[54] vgl. ebd. S. 13
[55] vgl. ebd.
[56] vgl. ebd. S. 14
[57] vgl. ebd.
[58] vgl. Wehrmann, Iris: Lobbying in Deutschland - Begriff und Trends. S. 39f
[59] vgl. ebd. S. 40

Jahren neuere Entwicklungen gegeben. Insbesondere großen Unternehmens reicht die Vertretung ihrer Interessen durch die Verbände nicht mehr aus, und so werden sie selbst tätig, indem sie eigene Konzernrepräsentanzen in Berlin aufbauen, die die Interessen der Konzerne gegenüber der Politik vertreten.[60] Hinzu treten neue Lobby-Dienstleister, also Lobby-Agenturen, die im Auftrag zum Beispiel auch von Verbänden oder Unternehmen tätig werden.[61] Auf diesem Feld sind auch international tätige Anwaltssozietäten zu finden, sowie Public-Affairs-Agenturen, die mehrschichtige Dienstleistungen aus einer Hand anbieten.[62]

Der Einzug der Anwaltssozietäten und Public-Affairs-Agenturen auf dem Feld des Lobbying markiert zugleich die Professionalisierung dieses Tätigkeitsbereiches, der jedoch nicht ohne persönliche Kontakte auskommt. Hierin erklärt sich auch, daß zahlreiche Politiker von der Politik in den Lobbyismus wechseln, um dort ihre Kontakte in die politische Sphäre anzubieten.[63]

Ebenfalls relativ neu im Lobbygeschäft sind soziale Bewegungen, die ihre Interessen ebenfalls zunehmen im Rahmen professionellen Lobbyismus vertreten. Hier tun sich insbesondere Nichtregierungsorganisationen hervor.[64]

Die Interessenvertretung durch Lobbyisten ist in der Demokratie ein legitimes Instrument, sofern die Prozesse im Rahmen des Lobbyismus kontrollierbar sind.[65] Für die Frage der Rolle des Lobbyismus spielt auch die demokratietheoretische Tradition im politischen System eine wichtige Rolle.

Während in den USA auf eine pluralismustheoretische Tradition zurückgeblickt werden kann, in deren Rahmen es erwünscht ist, daß es viele verschiedene Interessengruppen gibt in der Annahme, daß sich die Summe der Interessen zum Gemeinwohl ausgleichen, wird im europäischen Kontext eher an roussau'sche Annahmen angeschlossen. In Europa wird somit die Vertretung der Partikularinteressen eher als eine Bedrohung für die Demokratie betrachtet. In Betracht gezogen wird, daß die unterschiedlichen Interessen auch unterschiedlich stark organisierbar sind, und daß finanzkräf-

---

[60] vgl. Speth, Rudolf: Wege und Entwicklungen in der Interessenpolitik. S. 45
[61] vgl. ebd. S. 46f
[62] vgl. ebd. S. 47f
[63] vgl. ebd. S. 49
[64] vgl. ebd.: S. 50
[65] vgl. Leif, Thomas und Rudolf Speth: Anatomie des Lobbyismus. 27

tige Interessen sich dabei in der Regel leichter durchsetzen können als jene, die entweder nicht so finanzkräftig oder schwer organisierbar sind, wie zum Beispiel die diffusen Interessen von Verbrauchern oder Kindern.[66]

2.2.2. *Lobbyismus als Politikberatung?*

Peter Lösche betrachtet Lobbyismus als eine spezifische Form der Politikberatung, bei der die Berater interessengeleitet sind.[67] »Der eigentliche Kern, der Lobbyismus ausmacht, ist vor allem und zuerst Informationsvermittlung, die auf großer sachlicher Kompetenz basiert und sich in den letzten Jahrzehnten zunehmend professionalisiert hat«.[68]

In dieser Sichtweise wird Lobbyismus als die Bereitstellung von Informationen aus der Praxis betrachtet, die für das Gesetzgebungsverfahren notwendig sind, weil sie die ministerielle Verwaltung oder die zuständigen Fachausschüsse des Parlamentes nicht von sich aus bereitstellen können, die aber zur Abschätzung der Folgen eines Gesetzes notwendig seien.[69] Entscheidend sei deshalb für den Lobbyisten, daß er durchaus sein Interesse nicht leugne, aber mit Kompetenz und Sachverstand auftrete. Lobbyismus kann insofern auch als Tauschgeschäft betrachtet werden, weil Lobbyisten und Parlamentarier, beziehungsweise Mitglieder der Ministerialverwaltung aufeinander angewiesen seien, sich somit gegenseitig mit Informationen versorgen, die für die jeweils andere Seite von Interesse seien.[70]

Jedoch liegt es durchaus nahe, Lobbyismus von Politikberatung zu trennen, zumal unter Politikberatung landläufig wissenschaftliche Beratung verstanden wird, die als neutral gilt und dem Gemeinwohl verpflichtet fühlt.[71] Zwar gehe es beim Lobbyismus wie auch bei der Politikberatung um die Bereitstellung von Informationen für das Gesetzgebungsverfahren, während jedoch wissenschaftliche Politikberatung das große Ganze im Blick hat – zumindest haben sollte –, geht es indes beim Lobbyismus um die Vertretung

---

[66] vgl. Leif, Thomas und Rudolf Speth: Anatomie des Lobbyismus. S. 16
[67] vgl. Lösche, Peter: Lobbyismus als spezifische Form der Politikberatung. S. 334
[68] ebd.
[69] vgl. Lösche, Peter: Demokratie braucht Lobbying. S.: 54f
[70] vgl. Lösche, Peter: Lobbyismus als spezifische Form der Politikberatung. S. 339
[71] vgl. Leif, Thomas und Rudolf Speth: Die fünfte Gewalt – Anatomie des Lobbyismus in Deutschland. S. 28

konkreter Interessen. Wenngleich Lobbyisten wegen der negativen Belegung des Begriffs »Lobbyismus« sich lieber als Politikberater bezeichnen, um eben jene negative Verbindung zu umgehen, sollte jedoch interessenorientiertes Lobbying weiterhin klar von wissenschaftlicher Politikberatung unterschieden werden.[72]

2.2.3. *Lobbyismus im Politik-Prozeß*

Lobbyismus richtet sich auf alle Phasen des Gesetzgebungsprozesses, bemüht sich dabei indes, so früh wie möglich in den Gesetzgebungsprozeß einzusteigen. Ist das Gesetzgebungsverfahren erst mal fortgeschritten, erfordert es einen deutlich größeren Aufwand, Änderungen durchzusetzen im Vergleich zu früheren Zeitpunkten im Gesetzgebungsverfahren.[73]

In der Bundesrepublik sind insbesondere die Ministerialbürokratien für die Lobbyisten interessant, zumal hier häufig die Gesetze formuliert werden. Wenn Lobbyisten bereits in dieser Phase ihre Themen oder Formulierungen einbringen, haben sie bereits viel gewonnen, weil in den weiteren Phasen der Gesetzgebung oftmals an den Grundlinien des Entwurfs nicht viel geändert wird. Daher ist auch das Motto jedes Lobbyisten, daß es um so besser ist, je früher man beim Gesetzgebungsverfahren ansetzen kann.[74] In den späteren Phasen der Gesetzgebung können die entsprechenden Entwürfe meistens nur noch abgemildert oder allenfalls nur noch mit großem Aufwand verändert werden.[75]

Dabei unterliegen auch die Formen des Lobbyismus einem Wandel. War zu früheren Zeiten der Lobbyismus neben der ständigen Interessenvertretung die Domäne der Verbände, tummeln sich heute unterschiedliche Akteure auf dem Feld. Ausdruck der Professionalisierung des Lobbyismus sind die Public Affairs Agenturen, die Lobbying, Public Relations und Politikberatung aus einer Hand anbieten.[76] Besonders Großunternehmen verlassen sich inzwischen nicht mehr nur auf den Lobbyismus durch ihren Verband, sondern haben zunehmend selbst Repräsentanzen in Berlin

---

[72] vgl. ebd. S. 28f
[73] vgl. Leif, Thomas und Rudolf Speth: Die fünfte Gewalt – Anatomie des Lobbyismus in Deutschland. S. 21
[74] vgl. Speth, Rudolf: Die Ministerialbürokratie: erste Adresse der Lobbyisten. S. 99
[75] vgl. Speth, Rudolf: Wege und Entwicklungen der Interessenpolitik. S. 44
[76] vgl. ebd. S. 46f

eröffnet.[77]

Neben Berlin ist auch Brüssel als zentraler Ort der Entscheidungen der Europäischen Union zu einem Hauptziel der Lobbyisten geworden. Es heißt, daß 80% der nationalen Gesetzgebung in Deutschland auf Weisungen aus Brüssel zurückgeht.[78] Hier treten ebenfalls nicht nur organisierte Verbände, sondern auch die Vertreter von Großunternehmen, aber auch Nichtregierungsorganisationen, wie auch Vertreter von europäischen Regionen wie Bundesländer oder Kommunen auf.

Kritisch betrachtet wird der Lobbyismus im Politikprozeß in erster Linie deshalb, weil er in der Regel auf informellen Wegen stattfindet. Die Kontakte werden direkt zu den Entscheidern gesucht, wofür in Brüssel gar noch bessere Bedingungen herrschen als auf der nationalen Ebene, weil sich bislang eine europäische Öffentlichkeit, die Kontrolle über die Gesetzgebung ausüben könnte, noch nicht gebildet hat, und das Parlament nur in Ansätzen über Kontrollrechte verfügt.[79]

In Brüssel gibt es zahlreiche Kommission, Regelungs- und Sachverständigenausschüsse, die rechtsschöpferisch tätig sind und ein undurchsichtiges Zusammenspiel von administrativen Eliten und Lobbyisten ermöglichen.[80]

Im Rahmen von Global Governance wird auch immer wieder auf neue Formen des Regierens ohne Regierung verwiesen. In Netzwerken von Staat, Wirtschaft und Zivilgesellschaft sollen Entscheidungen getroffen werden, die insbesondere durch die Beteiligung von Nichtregierungsorganisationen (NROs) mehr Legitimität gewinnen sollen. Auch auf der Europäischen Ebene treten mehr und mehr Nichtregierungsorganisationen auf, die versuchen, Einfluß auf die Gesetzgebung zu nehmen. Ob sich hier ein Quell der Legitimation verorten läßt, ist zumindest zweifelhaft, weil sich die NROs in der Regel lobbyistischer Methoden bedienen (müssen). Insofern wäre die Schaffung von mehr Transparenz und Beteiligungsformen, die über den Lobbyismus hinausgehen, zwingend notwendig, um legitime Governancestrukturen zu schaffen.[81]

---

[77] vgl. Leif, Thomas und Rudolf Speth: Anatomie des Lobbyismus. S. 21
[78] vgl. ebd. S. 18
[79] vgl. ebd. S. 19
[80] vgl. Heins, Volker: Der unsichtbare Händedruck. S. 71
[81] vgl. ebd. S. 73

Hier zeigen sich bereits Hinweise darauf, daß sich auch der Lobbyismus im Wandel befindet, und sich den Trends, die im Zusammenhang mit der Europäisierung, der Globalisierung und der Individualisierung stehen, nicht entziehen kann.

Wie bereits angedeutet ist ein weiteres wesentliches Problem des Lobbying, daß es auf informellen Wegen stattfindet und für die Öffentlichkeit schwer zu kontrollieren ist. Hier kommen auf der einen Seite Richtlinien für Politiker und Ministerien ins Spiel, deren Einhaltung jedoch auch kontrolliert werden müssen. Auf der anderen Seite sind die Lobbyisten gefordert, sich selbst Verhaltensregeln zu geben und über deren Einhaltung zu wachen. Denn Lobbyismus ist nur dann eine legitime Form der Interessenvertretung, wenn sie transparent ist und für die Öffentlichkeit erkennbar ist, wessen Interessen vertreten werden.

So gibt es in verschiedenen Ländern bereits unterschiedliche Regelungen, um Transparenz im Lobbyismus durchzusetzen.

In den USA sind die Lobbyisten durch den Lobby Disclosure Act von 1995 verpflichtet, ihre Ausgaben für Lobbying offenzulegen und sofern sie für mehrere Auftraggeber tätig waren auch die Herkunft der Gelder zu benennen. Diese Regelung gilt für jeden, der mehr als 20% seines Halbjahreseinkommens aus Lobbyarbeit erzielt und somit auch für Anwaltskanzleien, die zunehmend auf diesem Feld tätig werden. Auch sie müssen über ihre Kunden und Honorare Rechenschaft ablegen.[82]

Auf der anderen Seite gibt es in den USA, Großbritannien und weiteren Ländern strenge Regelungen für die Offenlegung von Nebeneinkünften und Nebentätigkeiten von Abgeordneten.[83] In diesem Bereich hat die Bundesrepublik noch deutlichen Nachholbedarf, wenngleich auch ein Anfang gemacht ist: Seit Oktober 2005 müssen die Abgeordneten ihre Nebeneinkünfte pauschaliert in drei Stufen offenlegen.[84]

Jedoch legt ein Beispiel aus den USA auch die Unzulänglichkeit offen, die darin liegt, nur auf Transparenzregeln zu setzen: Die Umweltschützer in den USA konnten zwar am Ende nachlesen, daß die Ölkonzerne seit 1989 insgesamt 180 Millionen Dollar an

---

[82] vgl. Redelfs, Manfred: Mehr Transparenz gegen die Macht der Lobbyisten. S. 337
[83] vgl. ebd. 338ff
[84] vgl. ebd. 339

Wahlkampfspenden investiert hatten, um zu erreichen, daß in einem Naturschutzgebiet in Alaska Öl gefördert werden kann, doch letztlich setzte sich damit dieses Interesse, wenn auch nur knapp, durch.[85]

Dieses Beispiel zeigt, daß letztlich die Transparenz nicht verhindern kann, daß die finanzielle Ausstattung von Lobbygruppen am Ende doch über deren Erfolg entscheidet. Transparenz ist davon abgesehen zweifelsohne notwendig und muß mit Bezug auf Lobbyismus hergestellt werden. Aber darüber hinaus müssen demokratische Systeme dafür sorgen, daß am Ende nicht allein die Finanzkraft von Interessengruppen darüber entscheidet, welche Politik durchgesetzt wird.

2.3. Abgrenzung der Kriterien von Think Tanks und Lobbyismus

2.3.1.   *Think Tanks und Lobbygruppen*

Welches sind nun die wesentlichen Merkmale, die Think Tanks von Lobbygruppen unterscheiden?

Think Tanks verfolgen in der Regel einen wissenschaftlichen Ansatz, dessen Ausgestaltung jedoch innerhalb der beiden von Braml unterschiedenen Think Tank Familien variiert. Legen akademische Think Tanks Wert auf Forschung zu langfristigen Zielen, geben die advokatorischen Think Tanks ihre Forschung, die oftmals auf kurzfristige Ziele angelegt ist, bei externen Einrichtungen in Auftrag.[86] Um ihre Botschaften zu bewerben, suchen advokatorische Think Tanks die Öffentlichkeit und greifen auf Botschafter oder Allianzen zurück, um ihre politischen Entwürfe auch in der Öffentlichkeit populär zu machen.[87]

Die Lobbygruppen zielen in ihrer Arbeit in erster Linie auf die Entscheidungsträger,[88] wobei es dabei in der Regel um einzelne Projekte geht, in der Regel ein Gesetz oder Gesetzespaket, auf das Einfluß genommen werden beziehungsweise welches verhindert

---

[85] vgl. ebd. S. 333
[86] vgl. Braml, Josef: Think Tanks versus »Denkfabriken«? S. 604f und 608
[87] vgl. Stone, Diane: The Policy Roles of Private Research Institutes in Global Politics. S. 200f
[88] Leif, Thomas und Rudolf Speth: Die fünfte Gewalt – Anatomie des Lobbyismus in Deutschland. S. 22

werden soll.[89]

Lobbyismus war lange Zeit bei den Verbänden angesiedelt und ist es durchaus auch heute noch, wenngleich nicht mehr in dem Ausmaß wie noch vor einem Jahrzehnt, denn es sind neue Akteure hinzugekommen, die Lobbying betreiben. Dennoch bleibt das wesentlich abgrenzbare Kriterium nach wie vor, daß der Lobbyismus direkt auf die Entscheider und konkrete Gesetzentwürfe abzielt und konkrete Interessen verfolgt, während advokatorische Think Tanks eher mit ihrer wertorientierten Forschung Themenschwerpunkte setzen wollen.[90] Dabei betrachten sich advokatorische Think Tanks als Teil einer Tendenzkoalition, die ihren Mitstreitern wissenschaftlich fundierte Munition im Ideenstreit liefert.[91]

2.3.2. *Advokatorische Think Tanks als Lobbygruppen?*

In der Literatur wird eher am Rande, wenn überhaupt, die Frage thematisiert, ob die advokatorischen Think Tanks wissenschaftliche Beratung leisten, oder ob ihr Handeln in Verbindung mit ihrem Anspruch, bestimmte Werte oder gar ideologische Positionen zu vertreten, sie nicht näher an den Lobbyismus als an die wissenschaftliche Politikberatung führen. Hier sollen nun ein paar diesbezügliche Überlegungen angestellt werden, die im Laufe der Arbeit insbesondere Anwendung auf die Studien mit wissenschaftlichem Anspruch angewendet werden sollen, welche durch die Initiative Neue Soziale Marktwirtschaft herausgegeben werden.

In der Literatur finden sich Hinweise darauf, daß das Agieren der advokatorischen Think Tanks sich auch insbesondere hinsichtlich ihrer Öffentlichkeitsarbeit wesentlich von dem der Universitäten ohne Studenten und der auf Vertragsbasis forschenden Institute unterscheidet. Charakteristisch für einen advokatorischen Think Tank ist eine öffentliche Sichtbarkeit, die für diesen allein schon deshalb wichtig ist, um potentielle Sponsoren auf sich aufmerksam zu machen. Auch deshalb betreiben advokatorische Think Tanks einen deutlich höheren Betrag für Marketing und PR-Maßnahmen

---

[89] vgl. ebd. S. 20
[90] vgl. ebd. S. 28f
[91] vgl. Gellner, Winand: Ideenagenturen für Politik und Öffentlichkeit. S. 26

aus als ihre akademischen Kollegen.[92] Dabei bilden advokatorische Think Tanks durchaus auch Interessenkoalitionen mit Vertretern aus anderen Bereichen als dem wissenschaftlichen, um ihre politischen Programme auch bei den entsprechenden Entscheidungsträgern populär zu machen.[93]

Betrachtet man nun die Charakteristika von Lobbygruppen, ist dieses Verhalten zumindest mit ihnen vergleichbar, denn auch hier wird versucht, bestimmte Themen auf die Politik-Agenda zu setzen, dies jedoch in der Regel über informelle Wege.[94]

Im Gegensatz zu den ideologisch nicht identifizierbaren Think Tanks setzten deren advokatorische Kollegen somit durchaus auch auf Interessenvertretung und einer sichtbaren Werbung für politische Ziele in der Öffentlichkeit. Zugleich versuchen sie, Einfluß auf die Entscheider zu nehmen.[95] Hier mag sich durchaus die Gewichtung der Strategien im konkreten Fall von denen der Lobbygruppen in der Intensität unterscheiden, tendenziell ist jedoch eine gewisse Gemeinsamkeit nicht zu übersehen.

Bei interessengebundenen Ideenagenturen, zu denen Gellner auch das Institut der deutschen Wirtschaft zählt,[96] liegt das Hauptinteresse in der Förderungen der politischen Ziele der Einrichtungen, denen sie angegliedert sind. »Wissenschaftliche Erkenntnisse müssen daher gelegentlich Opportunitätserwägungen politischer Natur geopfert werden«.[97]

Doch dies ist nicht nur ein Merkmal der unmittelbar interessengebundenen Ideenagenturen. Auch bei den organisatorisch unabhängigen Ideenagenturen lassen sich, wie bereits oben ausgeführt, zuweilen klare Wertorientierungen erkennen, beziehungsweise die Zugehörigkeit zu bestimmten Tendenzkoalitionen, welche dann mit den entsprechenden wissenschaftlichen Argumenten munitioniert werden.[98]

Letztlich bleibt doch der wesentliche Unterschied zwischen einer

---

[92] vgl. Braml, Josef: Think Tanks versus »Denkfabriken«? S. 607
[93] vgl. Stone, Diane: The Policy Roles of Private Research Institutes in Global Politics. S. 200
[94] vgl. Leif, Thomas und Rudolf Speth: Die fünfte Gewalt – Anatomie des Lobbyismus in Deutschland. S. 14 und 20
[95] vgl. Speth, Rudolf: Advokatorische Think Tanks und die Politisierung des Marktplatzes der Ideen, S. 3
[96] vgl. Gellner, Winand: Ideenagenturen für Politik und Gesellschaft. S. 203ff
[97] ebd. S. 37
[98] vgl. ebd. S. 36

Lobbygruppe und einem advokatorischem Think Tank, daß die Lobbygruppen ihrer Tätigkeit in der Regel unter Ausschluß der Öffentlichkeit nachgehen, advokatorische Think Tanks hingegen sich nicht scheuen, in der Öffentlichkeit sichtbar zu sein. Gemeinsam ist beiden die eindeutige Vertretung partikularer Interessen, jedoch auf unterschiedlichen Wegen, wobei der Begriff der Interessenvertretung im Sinne von Leif/Speth 2006 als »die unspezifische Repräsentation von Interessen im politischen Raum«[99] verstanden und damit deutlich vom Lobbyismus unterschieden wird.[100]

2.4. PR-Journalismus

»Was wir über unsere Gesellschaft, ja über die Welt, in der wir leben, wissen, wissen wir durch die Massenmedien«.[101] Diese schlichte Erkenntnis hat sich in den letzten Jahren mehr und mehr auch bei jenen Menschen herumgesprochen, die das Geschäft der Public Relations betreiben. Zwar wird »alles Wissen mit dem Vorzeichen des Bezweifelbaren versehen«,[102] jedoch spricht vieles dafür, daß sich die Nutzer der Medien eben doch umfassender darauf verlassen, was sie in der Zeitung lesen oder im Fernsehen sehen, und daß eben nicht manipulativ mit ihnen umgegangen wird,[103] als es die Grundthese des Bielefelder Soziologen über das »Vorzeichen des Bezweifelbaren« nahelegt. Anders formuliert könnte vermutet werden, daß es allenfalls beim Vorzeichen bleibt. Denn mehr und mehr drängt interessenorientierte Öffentlichkeitsarbeit in die Medien, kolonisiert diese gar.[104]

Im Februar 2006 präsentierte das Netzwerk Recherche seinen Medienkodex. Besonders kontrovers bei Journalisten und PR-Schaffenden wurde die Anforderung in diesem Kodex diskutiert, daß Journalisten keine PR machen.[105] Mit dieser Aufforderung an die Journalisten reagierte das Netzwerk Recherche auf eine Entwicklung, in deren Rahmen immer öfter die Verlautbarungen von

---

[99] Leif, Thomas und Rudolf Speth: Die fünfte Gewalt – Anatomie des Lobbyismus in Deutschland. S. 13f
[100] vgl. ebd. S. 13f
[101] Luhmann, Niklas 2004: Die Realität der Massenmedien. S. 9
[102] ebd. S. 9f
[103] vgl. Müller, Albrecht: Meinungsmache. S. 426
[104] vgl. Schnedler, Thomas: Getrennte Welten? Journalismus und PR in Deutschland. S. 16
[105] vgl. ebd. S. 2

PR-Agenturen ungeprüft durch die Medien übernommen werden. Daß dies der Fall ist, belegen Studien und Umfragen bei den Chefredaktionen.[106]

Das Problem besteht insbesondere für den Leser darin, daß er nicht mehr in der Lage ist zu unterscheiden, ob er einen journalistisch recherchierten Artikel oder absichtlich erzeugte Kommunikation vor sich hat.[107] Die Entwicklung, die hier in Deutschland im Gange ist, ist in den USA bereits deutlich weiter fortgeschritten: Dort sind inzwischen ca. 40% der Meldungen von Tageszeitungen nicht das Ergebnis eigener Recherche sondern kommen von Anbietern, die mit ihren mediengerecht aufbereiteten Informationen, Erklärungen und Pressemitteilungen ein Eigeninteresse verfolgen.[108]

Einer der Gründe für diese Entwicklung ist, daß auch bei den Redaktionen die finanziellen Mittel knapper werden. »Der ökonomische Druck hat auch in den Redaktionen zugenommen, die sich bereitwillig vorproduzierte Berichte zuliefern lassen, die zudem häufig noch kostenlos sind«.[109] Die Redaktionskosten werden von den Verlegern somit auf die Anbieter von PR-Produktionen verlagert.[110] Das Trennungsgebot zwischen Redaktion und Werbung wird somit zunehmend verwischt.[111]

Ein weiteres Ergebnis des ökonomischen Drucks ist, das dieser von den Verlagen und den Redaktionen an die Journalisten weitergegeben wird, hierbei insbesondere auf die freien Journalisten. Weil die freien Mitarbeiter für ihre Beiträge schlecht bezahlt werden, arbeiten diese häufig nebenher auch im Bereich Öffentlichkeitsarbeit.[112]

Die Trennung zwischen Journalismus, der unabhängig informieren sollte, und PR, beziehungsweise Öffentlichkeitsarbeit, in deren Rahmen Interessen vertreten werden, verschwimmt auch institutionell, wenn Fachhochschulen Studiengänge anbieten, in denen

---

[106] vgl. ebd. S. 4f

[107] vgl. Speth, Rudolf: Die politischen Strategien der Initiative Neue Soziale Marktwirtschaft. S. 29

[108] vgl. ebd. S. 29f

[109] Speth, Rudolf und Thomas Leif: Lobbying und PR am Beispiel der Initiative Neue Soziale Marktwirtschaft. S. 309

[110] vgl. Kocks, Klaus: Das neue Lobbyinstrument - PR im Journalismus. S. 351

[111] vgl. ebd. S. 353

[112] vgl. Schnedler, Thomas: Getrennte Welten? Journalismus und PR in Deutschland. S. 18

Journalismus und PR eng miteinander verzahnt werden.[113]

Ein weiteres Einfalltor für PR in den Journalismus ist zudem der Umstand, daß nicht nur bei den privaten Sendern, sondern auch beim öffentlich-rechtlichen Rundfunk immer mehr Produktionen außerhalb der Sender in Auftrag gegeben werden. Dabei ist für die Zuschauer in der Regel nicht so ohne weiteres erkennbar, ob es sich bei der jeweiligen Sendung um eine Produktion des Senders handelt, oder ob eine private Produktionsgesellschaft die Sendung erstellt hat und diese dann nur im Fernsehen ausgestrahlt wird.[114]

Betroffen hiervon sind nicht nur Talk-Shows wie Sabine Christiansen, sondern auch Dokumentationen, die von Produktionsfirmen hergestellt und im (öffentlich-rechtlichen) Fernsehen gesendet werden.[115]

Derartige Rahmenbedingungen schaffen ein ideales Umfeld, in dem nicht nur Werbebotschaften für Produkte sondern auch für Ideologien in die Medien eingeschleust werden können.

---

[113] vgl. ebd. S. 21
[114] vgl. Müller, Albrecht: Meinungsmache. S. 395f
[115] vgl. ebd.

3. Die INSM

Im Folgenden soll nun die Gründung der Initiative Neue Soziale Marktwirtschaft (INSM) und der Aufbau dargestellt werden. Dabei wird sowohl auf die Selbstdarstellung der INSM auf deren Webseite zurückgegriffen, wie auch auf Literatur über die INSM.

3.1. Gründung und Aufbau der INSM

Im Jahr 1999 wurden die Arbeitgeberverbände der Metall- und Elektroindustrie von Umfragen erschüttert, nach denen die Menschen in Deutschland viel vom Staat und wenig vom Markt halten: Die Menschen wünschten sich nach diesen Umfragen einen starken Sozialstaat und standen marktförmigen Arrangement eher mißtrauisch gegenüber.[116] Der damalige Pressesprecher der Metallarbeitgeber stellte dazu fest: »Das muss man doch vielleicht ändern können, dass das, was wir als notwendige Reform erkennen, auch von den Mitbürgern als positive Reform akzeptiert wird«.[117]

Der Arbeitgeberverband der Metall- und Elektroindustrie gründete zunächst die Agentur berolino.pr, die mit dem Auftrag betraut wird, ein öffentliches Klima zu schaffen, in denen die von den Unternehmer- und Wirtschaftsverbänden gewünschten Reformen positiv aufgenommen werden.[118] Dabei wurde die berolino.pr als Tochter des Deutschen Instituts-Verlags (DIV) gegründet, beziehungsweise das Rechtsverhältnis ist so ausgestaltet, daß der DIV die berolino.pr wirtschaftlich und rechtlich kontrolliert.[119] Nun folgte eine Ausschreibung durch berolino.pr, die wiederum von der Werbeagentur Scholz & Friends mit der Präsentation der »Initiative Neue Soziale Marktwirtschaft« gewonnen wurde.[120]

Der Internet-Auftritt der INSM wird durch ein Tochterunternehmen von Scholz & Friends, der Aperto AG, hergestellt. Insgesamt arbeiten 40 Personen an dem Projekt INSM, die aus allen für das

---

[116] vgl. Speth, Rudolf: Die politischen Strategien der Initiative Neue Soziale Marktwirtschaft. S. 7, Müller, Albrecht: Machtwahn. S. 308

[117] Zitiert nach: Müller, Albrecht: Machtwahn. S: 308

[118] vgl. Krauss, Dietrich: Umarmung der Medien und Druck auf kritische Journalisten. S. 108f

[119] vgl. Nuernbergk, Christian: Die Mutmacher. S. 85

[120] vgl. Krauss, Dietrich: Umarmung der Medien und Druck auf kritische Journalisten. S. 108f

Projekt wesentlichen Bereichen kommen, nämlich Public Relations, Werbung, Internet und Fernsehen.[121]

Inzwischen wurde die berolino.pr GmbH in »INSM Initiative Neue Soziale Marktwirtschaft GmbH« umbenannt.[122]

In der Historie der Initiative auf der eigenen Webseite wird die Entstehung anders dargestellt als in der Literatur.[123] Demnach wurde die INSM durch die berolino.pr ins Leben gerufen und beauftrage anschließend als »Leadagentur« die Werbeagentur Scholz & Friends.[124] Unter Arbeitsweise und Organisation wird das Vorgehen der INSM beschrieben:

»Die Aktivitäten der INSM sind von Anfang an vielfältig und multimedial: Mit Broschüren, öffentlichen Veranstaltungen, Anzeigen, wissenschaftlichen Studien, Buchpublikationen sowie mit Lectures und Stellungnahmen ihrer Botschafter und Unterstützer macht die INSM auf Reformbedarf in Deutschland aufmerksam und zeigt politische Handlungsalternativen auf«.[125]

Erreicht werden soll dies durch einen »orchestrierten Kommunikationsmix«, bei dem die verschiedenen Kommunikationsinstrumente so eingesetzt werden sollten, daß sie sich gegenseitig verstärken.[126]

Die INSM erhält für ihre Arbeit von den Arbeitgeberverbänden der Metall- und Elektroindustrie jährlich nach eigenen Angaben ca. 8.32 Mio. Euro.[127] Im Jahr 2005 wurde ein Förderverein gegründet, in den jedermann eintreten kann. Zum einen soll damit die Legitimation der INSM erhöht und die Überparteilichkeit betont werden, die für die INSM ein wichtiger Leitwert ist.[128] Der Förderverein hat jedoch keinen Einfluß auf die Aktionen und Kampagnen

---

[121] vgl. Speth, Rudolf: Die politischen Strategien der Initiative Neue Soziale Marktwirtschaft. S. 9

[122] vgl. http://www.insm.de/insm/ueber-die-insm/INSM-Historie.html (08.07.2009)

[123] Speth, Rudolf (Die politischen Strategien der Initiative Neue Soziale Marktwirtschaft. S. 3 und S. 8), Krauss, Dietrich (Umarmung der Medien und Druck auf kritische Journalisten. S. 109), Nuernbergk, Christian (Die Mutmacher. S. 62) und Müller, Albrecht (Machtwahn. S. 308) legen übereinstimmend dar, daß die Initiative Neue Soziale Marktwirtschaft eine Schöpfung der der Agentur Scholz & Friends ist.

[124] vgl. ebd.

[125] ebd.

[126] vgl. Nuernbergk, Christian: Die Mutmacher. S. 80

[127] vgl. http://www.insm.de/insm/ueber-die-insm/FAQs.html (08.07.2009)

[128] vgl. Speth, Rudolf: Die zweite Welle der Wirtschaftskampagnen. S. 11

der INSM.[129]

Von Anfang an erhebt die Initiative Neue Soziale Marktwirtschaft indes den Anspruch, eine »überparteiliche Reformbewegung« zu sein. Bis heute lautet die Selbstbeschreibung unterhalb der Logos, die auf den Anzeigen der INSM zu finden sind: »Die Initiative Neue Soziale Marktwirtschaft ist eine überparteiliche Reformbewegung von Bürgern, Unternehmen und Verbänden für mehr Wettbewerb und Arbeitsplätze in Deutschland.«.[130] Damit tritt die INSM nach außen als eine Art Bürgerbewegung auf, verfügt jedoch über keine Basis sondern ist straff von oben nach unten organisiert.[131] Der Förderverein hat an diesem Aufbau nichts geändert.

Vorsitzender des Kuratoriums der INSM ist der ehemalige Bundesbankpräsident Hans Tietmeyer.[132] Während auf den frühen Versionen der Seiten der INSM Kuratoren und Botschafter gesondert aufgeführt waren, wird auf diese Differenzierung keinen Wert mehr gelegt. Zudem ist das Kuratorium der INSM bislang ohnehin nie zusammengetreten.[133]

Zu den wesentlichen Elementen der INSM gehört der Kreis der Botschafter. Hier sind vor allem Persönlichkeiten aus Politik, Wirtschaft und Wissenschaft vertreten.[134] Im Rahmen von Plakataktionen werden zudem auch gerne Sportler mit einbezogen, wie bei der jüngsten Aktion »Soziale Marktwirtschaft macht's besser…«, bei der neben Botschaftern und weiteren Persönlichkeiten aus Politik, Wirtschaft und Wissenschaft auch Sportler auftreten.[135]

---

[129] vgl. ebd.

[130] vgl. u.a. http://www.insm.de/dms/insm/textdokumente/pdf/INSM-Anzeigen/Einstieg-in-Arbeit/Einstieg%20in%20Arbeit.pdf (08.07.2009)

[131] vgl. Krauss, Dietrich: Umarmung der Medien und Druck auf kritische Journalisten. S. 109

[132] vgl. http://www.insm.de/insm/ueber-die-insm/Kuratoren-und-Botschafter.html (08.07.2009)

[133] vgl. Müller, Ulrich: »Reform«initiativen. S. 42

[134] vgl. http://www.insm.de/insm/ueber-die-insm/Kuratoren-und-Botschafter.html (08.07.2009)

[135] vgl. http://www.insm.de/insm/Aktionen/INSM-Kampagnen/Soziale-Marktwirtschaft-machts-besser/Bildergallerie-SoMaWi-machts-besser.html (08.07.2009)

3.2. Ziele der INSM

Als die wesentlichen Ziele der INSM wird der Einsatz für weniger Staat, also weniger Steuern und weniger politische Steuerung, für eine Stärkung der Privatvorsorge im sozialen Bereich bei gleichzeitiger Beschränkung der Solidargemeinschaft auf die »wirklich Bedürftigen«, Flexibilisierung der Tarifpolitik und Stärkung des Wettbewerbs auch in der Bildungspolitik.[136] Dies alles fließt ein in den generellen Auftrag an die INSM, ein wirtschaftsfreundlicheres Klima zu schaffen, sowie die Akzeptanz für Reformen der sozialen Sicherungssysteme in der Bevölkerung zu erhöhen.[137] Die Bedeutung von Eigenverantwortung und Markt als Instrumente der Lösung oder Koordination sollte positiv herausgestellt werden, das Vertrauen in Märkte gestärkt und ein Zuviel an Staat zurückgedrängt werden.[138]

Eine »konsequente und konsistente wettbewerbliche Ordnung Ausrichtung unserer Wirtschafts- und Sozialordnung«[139] wird für erforderlich gehalten, um Wachstum und Beschäftigung zu stärken. Die INSM setzt sich zum erklärten Ziel, »wichtige wirtschafts- und sozialpolitische Debatten substantiell kommunikativ [zu] beeinflussen«.[140]

Innerhalb dieser Zielsetzung ist bereits angelegt, daß die Initiative über mehrere Jahre sich auf ihre kontinuierliche Finanzierung verlassen können muß. Der Arbeitgeberverband der Metall- und Elektroindustrie hat die Finanzierung der INSM bis ins Jahr 2010 sichergestellt.[141]

Programmatische Äußerungen der Initiative finden sich nicht nur in der Selbstbeschreibung auf der Homepage der INSM. In der Anfangszeit wurde durch das Institut der Deutschen Wirtschaft Köln (IW), mit dem die INSM im gleichen Gebäude tätig ist, das

---

[136] vgl. http://www.insm.de/insm/ueber-die-insm/Ziele-der-Initiative.html (08.07.2009)

[137] vgl. Speth, Rudolf: Die politischen Strategien der Initiative Neue Soziale Marktwirtschaft. S. 7

[138] vgl. Speth, Rudolf und Thomas Leif: Lobbying und PR am Beispiel der Initiative Neue Soziale Marktwirtschaft. S. 304

[139] http://www.insm.de/insm/ueber-die-insm/Leitbild-der-INSM.html (08.07.2009)

[140] ebd.

[141] vgl. Speth, Rudolf: Die politischen Strategien der Initiative Neue Soziale Marktwirtschaft. S. 5

Konzept »Vision D« entwickelt,[142] welches auch als Grundlage für das sogenannte »Merkelmeter« dient. Jedoch wendet sich die Broschüre »Vision D« nicht an eine breite Öffentlichkeit, was zumindest der wirtschaftswissenschaftliche Stil des Werkes nahelegt.[143] Es werden ein höheres Wachstum und ein Einkommenszuwachs von bis zu 90.000 Euro für die Bürger versprochen.[144] »Voraussetzung aber seien folgende Reformen: Lohnzurückhaltung, Umstellung der Renten auf Kapitaldeckung, Einführung des Kopfpauschalenmodells im Gesundheitsbereich, Flexibilisierung und Verlängerung der Arbeitszeit, stärkere Lohnspreizung, Privatisierung öffentlicher Aufgaben, Senkung der Abgabenquote und konsequenter Wettbewerbsföderalismus«.[145]

Des Weiteren veröffentlichte der INSM-Botschafter und Präsident des Verbands der Bayerischen Metall- und Elektroindustrie Randolf Rodenstock im Jahr 2001 das Buch »Chancen für alle«, welches auch als programmatische Positionierung der INSM betrachtet werden kann.[146]

»In der Summe ist dieses Programm leicht als das neoliberale Programm identifizierbar, das bereits in anderen Ländern – USA, Großbritannien, Neuseeland – teilweise in Politik umgesetzt wurde«.[147]

---

[142] vgl. http://www.vision-d.de/Hintergrund.html (08.07.2009)

[143] vgl. Speth, Rudolf: Die zweite Welle der Wirtschaftskampagnen. S. 14

[144] http://www.vision-d.de/Die_Reformdividende/Content/Huether__Buerger_erhalten_bis_zu_90.000_Euro_mehr/IW-Chef_Michael_Huether__Buerger_erhalten_bis_zu_90.000_Euro_mehr_durch_Reformen.html?anchor=abs432 (08.07.2009)

[145] Speth, Rudolf: Die zweite Welle der Wirtschaftskampagnen. S. 14

[146] vgl. Rodenstock, Randolf: Chancen für alle.

[147] Speth, Rudolf: Die politischen Strategien der Initiative Neue Soziale Marktwirtschaft. S. 37

4. Die INSM, ihre Botschafter und der Auftritt in den Medien

In diesem Kapitel wird es nun um die Botschafter der INSM gehen, sowie den Auftritt der INSM in den Medien einerseits im Hinblick auf die Nutzung der Medien durch die INSM, sowie im letzten Abschnitt in Hinblick auf die INSM als Thema in den Medien. Dabei wird der Blick auch stets auf die Kriterien gerichtet, die unter 2.3.1. herausgefiltert wurden.

Im Zusammenhang der Nutzung der Medien durch die INSM ist in der Literatur auch der Verweis auf PR (Public Relations) im Journalismus zu finden. Aus diesem Grund wird dieses Kapitel mit einer Übersicht über die Problematik des PR-Journalismus eröffnet.

4.1. Die Botschafter der INSM als Türöffner und Quelle wissenschaftlicher Studien

Das System der Kuratoren und Botschafter geht auf das Konzept der Agentur Scholz & Friends zurück. Die INSM unterscheidet sich mit dieser Einrichtung von anderen vergleichbaren Initiativen wie dem BürgerKonvent.[148] In diesem Kreis der Kuratoren und Botschafter befinden sich Politiker, Wissenschaftler und Unternehmer, insgesamt Personen, von denen zu erwarten ist, daß sie auch in der Öffentlichkeit Aufmerksamkeit erwecken können.[149] Zudem stellen die als Botschafter oder Berater tätigen Wissenschaftler der INSM zu einzelnen Themen Studien oder Arbeiten mit wissenschaftlichem Anspruch zur Verfügung.[150]

Um ihren überparteilichen Anspruch zu betonen bemühte sich die INSM bei den Botschaftern aus dem Kreis der Politiker um Botschafter aus allen im Bundestag vertretenen Parteien außer der PDS/Linke, wobei eine wichtige Voraussetzung für den Botschafterstatus ist, daß die betreffenden Politiker die ordnungspolitischen Ansichten der INSM teilen.[151] Insofern handelt es letztlich um eine

---

[148] vgl. Speth, Rudolf: Die politischen Strategien der Initiative Neue Soziale Marktwirtschaft. S. 20

[149] vgl. ebd.

[150] vgl. Speth, Rudolf und Thomas Leif: Lobbying und PR am Beispiel der Initiative Neue Soziale Marktwirtschaft. S. 308

[151] vgl. Speth, Rudolf: Die politischen Strategien der Initiative Neue Soziale Marktwirtschaft. S. 20

Scheinpluralität oder auch um ein formales Verständnis von Über-parteilichkeit welches sich daran festmacht, daß Vertreter aus verschiedenen Parteien vertreten sind.

In der letzten Zeit hat allerdings diese Scheinpluralität bei der INSM abgenommen. Verschiedene Botschafter aus dem Bereich der Politik sind in den letzten Jahren aus den verschiedensten Gründen ausgeschieden. Edmund Stoiber und Michael Glos (beide CSU) verließen die INSM, nachdem diese in einer Plakataktion die Agrarsubventionen kritisiert hatte.[152] Auch Wolfgang Clement und der damalige Vorsitzende des Wirtschaftsausschusses im Bundes-tag, Rainer Wend, (beide SPD) schieden aus der INSM aus,[153] während allerdings Wolfgang Clement in der letzten Zeit wieder zunehmend an Veranstaltungen und Kampagnen der INSM teil-nimmt.[154]

Heute befinden sich im Kreis der Botschafter und Berater nur noch Mitglieder der CDU, beziehungsweise im Förderverein von CDU und FDP.[155] Doch auch die Scheinpluralität durch die Botschafter sollte nicht darüber hinwegtäuschen, daß der überparteiliche An-spruch allein schon deshalb nicht weil erfüllt wird, weil die Initia-tive durch die Arbeitgeber der Metall- und Elektroindustrie ge-gründet wurde und finanziert wird, als auch die Planung der Stra-tegie in ihrer Hand liegt.[156]

Eine weitere wesentliche Funktion der Botschafter sind die Netz-werkstrukturen, die diese aufbauen. Nicht selten sind die Bot-schafter der INSM zugleich auch mit anderen Einrichtungen ver-bunden, die sich den gleichen oder vergleichbaren ordnungspoliti-schen Vorstellungen verbunden fühlen wie die INSM. So sind zum Beispiel der INSM-Botschafter Karl-Heinz Paqué und der INSM Berater Oswald Metzger zugleich auch Mitglieder im Konvent-kreis des Konvents für Deutschland.[157] Der INSM-Berater Bernd

---

[152] vgl. Speth, Rudolf: Die politischen Strategien der Initiative Neue Soziale Marktwirtschaft. S. 21

[153] vgl. ebd.

[154] vgl. u.a. http://www.insm.de/insm/Aktionen/INSM-Kampagnen/Soziale-Marktwirtschaft-machts-besser/Bildergallerie-SoMaWi-machts-besser.html (08.07.2009)

[155] vgl. http://www.insm.de/insm/ueber-die-insm/Kuratoren-und-Botschafter.html (08.07.2009) und http://www.insm.de/insm/Community/Foerderverein/Mitglieder-des-Foerdervereins.html (08.07.2009)

[156] vgl. Müller, Ulrich: »Reform«initiativen. S. 42

[157] vgl. http://www.insm.de/insm/ueber-die-insm/Kuratoren-und-Botschafter.html

Raffelhüschen sitzt zugleich im Vorstand der Stiftung Marktwirtschaft[158] wie auch Michael Eilfort, der selbst zu den Botschaftern der INSM zählte. Die INSM-Botschafter Jürgen B. Donges und Johann Eeckhoff sitzen zugleich im wissenschaftlichen Beirat der Stiftung Marktwirtschaft.[159] Auch wenn die INSM und die Stiftung Marktwirtschaft formell nichts miteinander zu tun haben gibt es doch Abstimmungsprozesse zwischen diesen beiden Einrichtungen.[160]

Die Botschafter haben im Wesentlichen zwei Funktionen, die nun im Detail dargestellt werden sollen: Auf der einen Seite fungieren als Türöffner für die Medien, auf der anderen stellen die Wissenschaftler unter den Botschaftern wissenschaftliche Studien oder Beiträge zur Verfügung.

4.1.1.   *Botschafter als Türöffner für die Medien*

Die Botschafter der INSM dienen in verschiedener Weise als Türöffner zu den Medien. Auf der einen Seite werden sie durch die INSM in Talk-Shows vermittelt, auf der anderen Seite werden auch immer wieder Gastbeiträge in Zeitungen vermittelt, in denen die Botschafter die Positionen der INSM vertreten.[161]

Bei dieser Vermittlung von Botschaftern in Talk-Shows oder als Gastkommentatoren tritt die Initiative an den jeweiligen Botschafter und fragt diesen, ob er Interesse hat, für dieses oder jenes Thema anzutreten. Erklärt er sich bereit, findet die Abstimmung statt.[162] Auch werden Vorträge vermittelt, die anschließend zu Medienereignissen werden. »So konnte etwa Oswald Metzger gut den Verlust seines Bundestagsmandats verkraften. »Ich könnte jeden Tag drei sehr gutbezahlte Vorträge halten«, freute er sich im Deutschlandradio über das große »Tableau von Wirkungsmöglichkeiten« als Propagandist »im Sinn der Faktenaufklärung, auch aus

---

(08.07.2009) und http://www.konvent-fuer-
deutschland.de/derKonvent/Organisation/ (19.07.2009)
[158]   vgl. http://www.insm.de/insm/ueber-die-insm/Kuratoren-und-Botschafter.html
(08.07.2009) und http://www.stiftung-marktwirtschaft.de/ (15.07.2009)
[159] vgl. Müller, Albrecht: Machtwahn. S. 312
[160] vgl. Hamann, Götz 2005: Lautsprecher des Kapitals
[161]   vgl. Schnedler, Thomas: Getrennte Welten? Journalismus und PR in
Deutschland. S. 17f
[162] vgl. Leif, Thomas und Rudolf Speth: Die fünfte Gewalt – Anatomie des
Lobbyismus in Deutschland. S. 310

Sicht der Unternehmer«.«.[163]

In Bielefeld organisierte die INSM zusammen mit der Lokalzeitung *Neue Westfälische* eine Diskussion von Gesundheitsministerin Ulla Schmidt mit dem Hauptgeschäftsführer der Bundesvereinigung der Arbeitgeberverbände (BDA), die vom Chefredakteur der *Neuen Westfälischen* moderiert wurde. »Im Gegenzug erwartet die Initiative Neue Soziale Marktwirtschaft dann eine entsprechende Berichterstattung über dieses Ereignis«.[164] Auf diese Weise kommen die Botschaften der INSM auch in die Medien.[165]

Bei den Gastbeiträgen ihrer Botschafter, die durch die INSM an Zeitungen vermittelt werden, besteht das Problem, daß der Hinweis, daß es sich bei jenen Prominenten um Botschafter der INSM handelt, häufig vergessen wird.[166] Doch gerade hier wären die Journalisten besonders in der Pflicht. Denn um ihre Botschafter zu entlasten, werden Texte oder Reden von der INSM vorbereitet und ihren Botschaftern nur noch zur Freigabe oder zur Überarbeitung vorgelegt.[167]

In seiner Studie untersuchte Christian Nuernbergk auch den Aspekt der Transparenz hinsichtlich der Funktionen von Kuratoren und Botschaftern in der Berichterstattung. In dem von ihm untersuchten Zeitraum wurden bei den Kuratoren in 54.3% der Nennungen auch die konkrete Verbindung zur INSM angegeben,[168] bei den Botschaftern wurde indes nur in 14.9% der Nennungen auch darauf verwiesen, daß es sich um Unterstützer der Initiative handelt.[169] »Die Botschafter behielten auf diese Weise ihren Experten- bzw. Prominentenstatus, wurden aber nicht als Vertreter der Initiative kenntlich gemacht«.[170]

Neben der Vermittlung von Kuratoren und Botschaftern in die Print-Medien ist auch deren Vermittlung in Politik-Talk-Shows ein wesentliches Element der Strategie der INSM. Zuweilen sitzen gar mehrere Botschafter in einer Talk-Show.[171] Dabei stellt sich auch

---

[163] Schumann, Harald: Die APO des Kapitals.
[164] Nuernbergk, Christian: Die Mutmacher. S. 81
[165] vgl. ebd.
[166] vgl. Speth, Rudolf: Die zweite Welle der Wirtschaftskampagnen. S. 17
[167] vgl. Nuernbergk, Christian: Die Mutmacher. S. 82
[168] vgl. ebd. S. 105
[169] vgl. ebd. S. 106
[170] Nuernbergk, Christian: Die Mutmacher. S. 106
[171] vgl. Krauss, Dietrich: Umarmung der Medien und Druck auf kritische Journalisten. S. 117

hier das Problem der mangelnden Transparenz, wenn diese Botschafter nicht als Unterstützer der INSM dem Publikum vorgestellt werden. In einer Studie untersuchten Ulrich Müller und Heidi Klein von LobbyControl die Politik-Talk-Show »Sabine Christiansen« in dem Zeitraum vom Januar 2005 bis Juni 2006.[172] Hierbei stellten sie fest, daß die Botschafter der INSM als solche in der Regel nicht ausgewiesen werden, sondern andere Funktionen genannt werden, wie »Experte für Gesundheit und Rente« im Falle des INSM-Beraters Bernd Raffelhüschen.[173] Auch hier kommt wieder der von Christian Nuernbergk beschriebene Effekt zum Tragen, daß Botschafter nur anhand ihres Experten- oder Prominentenstatus identifiziert werden.

4.1.2. *Botschafter als Quelle wissenschaftlicher Studien*

Eine wesentliche Quelle von wissenschaftlichen Studien und Politikentwürfen der INSM sind ihre Botschafter, insbesondere die Ökonomen unter ihnen. Die Art, auf die diese Botschafter und Kuratoren in die Gesamtstrategie der INSM eingebunden werden, soll hier an zwei Beispielen gezeigt werden.

Zu den wohl bekannteren Beispielen gehört der ehemalige Botschafter Paul Kirchhof mit seinem Steuermodell. Paul Kirchhof wurde von der INSM zusammen mit der Frankfurter Allgemeinen Sonntagszeitung im Jahr 2003 zum »Reformer des Jahres« gewählt.[174] Paul Kirchhof hat mit eigenen Mitteln sein Konzept zur Steuervereinfachung erstellt und wurde anschließend von der INSM, die sein Konzept unterstützt, als Botschafter gewonnen.[175] Auf diese Weise prominent gemacht war Paul Kirchhof mit seinem Steuerkonzept während der Verhandlungen zur Steuerreform im Vermittlungsausschuß in den Medien präsent und wurde schließlich gar von Angela Merkel in ihr »Kompetenzteam« für die Bundestagswahl 2005 aufgenommen.[176] Nach dem das Ergebnis zur Bundestagswahl zu einer großen Koalition unter Beteiligung von

---

[172] Müller, Ulrich und Heidi Klein: Schaubühne für die Einflussreichen und Meinungsmacher.

[173] vgl. ebd. S. 13

[174] vgl. Speth, Rudolf: Die politischen Strategien der Initiative Neue Soziale Marktwirtschaft. S. 42

[175] vgl. ebd.: S. 33

[176] vgl. Nuernbergk, Christian: Die PR-Kampagne der Initiative Neue Soziale Marktwirtschaft und ihr Erfolg in den Medien. S. 160

CDU/CSU und SPD führte, zog Kirchhof sich sowohl aus der politischen Arena zurück als auch als Botschafter der INSM. Sein Konzept war während des Wahlkampfs umstritten und wird mitverantwortlich dafür gemacht, daß die CDU im Wahlergebnis hinter den Erwartungen zurückblieb.[177]

Ein weiteres Beispiel für die Nutzung wissenschaftlicher Expertise durch die Botschafter und Berater ist Bernd Raffelhüschen. Er zählt zu den führenden Kritikern der umlagefinanzierten Pflegeversicherung und setzt sich für deren Umstellung auf eine kapitalgedeckte Versicherung ein.[178] Dieser Auffassung ist auch die Initiative Neue Soziale Marktwirtschaft: In einem Manifest zur Pflegeversicherung vom 5. Juli 2007, die auch als ganzseitige Anzeige in verschiedenen Zeitungen geschaltet wurde, fordert die INSM den Aufbau eines Kapitalstocks in der Pflegeversicherung.[179]

Am 28. Juli 2007 titelte die Süddeutsche Zeitung unter Bezug auf die Frankfurter Allgemeine Sonntagszeitung in ihrer Onlineausgabe »Experte prognostiziert Vervierfachung«.[180] Es handelt sich dabei um eine Studie von Bernd Raffelhüschen, in der er vor einer starken Steigerung der Beitragssätze zur Pflegeversicherung warnt und erneut die Umstellung auf Kapitaldeckung fordert.[181]

Daß die INSM ihre Themen über längere Zeit verfolgt und immer wieder in die Medien bringt, läßt sich am Beispiel der Pflegeversicherung gut zeigen, denn die Kampagne aus dem Sommer 2007 war nicht die erste zu diesem Thema. Auch schon im Jahr 2005 wurde die Pflegeversicherung kritisiert, ebenfalls mit Unterstützung von Bernd Raffelhüschen.[182]

Auch bei der Kampagne gegen die Rentengarantie, die die Bundesregierung im Sommer 2009 aussprach, ist Bernd Raffelhüschen der Experte, auf den sich die INSM bei ihrer Gegnerschaft zu diesem Vorschlag beruft: Sie beauftragte ihn mit einer Prognose über die Kosten, die die Rentengarantie nach sich ziehen würde, was anschließend auch auf der Homepage der Initiative dargestellt

---

[177] vgl. Speth, Rudolf: Die zweite Welle der Wirtschaftskampagnen. S. 11f

[178] vgl. Hamann, Götz 2005: Lautsprecher des Kapitals

[179] vgl. http://www.insm.de/dms/insm/textdokumente/pdf/INSM-Anzeigen/INSM-Manifest-zur-Pflegeversicherung/INSM%20Manifest%20zur%20Pflegeversicherung.pdf

[180] »Experte prognostiziert Vervierfachung« in: SZ online 28.07.2007

[181] vgl. ebd.

[182] vgl. Hamann, Götz 2005: Lautsprecher des Kapitals

wurde.[183] Unter Bezugnahme auf diese Studie fand auch eine Sendung der Politik-Talk-Show Anne Will statt, bei der Bernd Raffelhüschen zu Gast war.[184] Hier schließt sich dann auch wieder der Kreis zu den Auftritten der Botschafter in den Medien. Nicht nur bei Anne Will, sondern auch in weiteren Sendungen der ARD war Bernd Raffelhüschen ein gefragter Experte, der immer wieder gerne interviewt wurde ohne daß seine Verbindungen zur INSM offengelegt wurden.[185]

Es zeigt sich deutlich, wie die INSM die Verbreitung ihrer Botschaften »orchestriert« und über verschiedene Kanäle an die Öffentlichkeit bringt.

4.2. Die Medienkooperationen der INSM.

Weil die Initiative Neue Soziale Marktwirtschaft trotz ihres erheblichen Etats von über 8 Mio. Euro im Jahr nicht die ganze Bevölkerung auf einmal erreichen kann, transportiert sie ihre Botschaften über Multiplikatoren Dabei spielen die Medien eine wesentliche Rolle, sowohl die Printmedien als auch das Fernsehen.

4.2.1. Die Printmedien

Insbesondere mit den Printmedien werden Medienkooperationen eingegangen. Zu den Medienpartnern der INSM gehören die *Wirtschaftswoche*, die *Frankfurter Allgemeine Sonntagszeitung* und *Die Welt*, aber auch regionale Zeitungen wie die *Neue Westfälische* oder die *Magdeburger Volksstimme*.[186] Den Medien wird exklusives Material angeboten, oder es werden auch gemeinsame Aktionen durchgeführt wie zum Beispiel die Wahl zum »Reformer des Jahres«, die über mehrere Jahre gemeinsam mit der Frankfurter Allgemeinen Sonntagszeitung ausgerichtet wurde.[187]

Eine weitere Medienkooperation war die Herausgabe der Booklets »Ökonomie Klassiker kompakt« in Zusammenarbeit mit der Financial Times Deutschland, welche der Zeitung mittwochs beilag und ihr an diesen Tagen eine überdurchschnittliche Auflage si-

---

[183]   vgl.   http://www.insm.de/insm/Themen/Soziales/Rententricksereien-kosten-Milliarden.html (17.07.2009)

[184] vgl. http://daserste.ndr.de/annewill/archiv/gaesteliste290.html (17.07.2009)

[185] vgl. Oppong, Marvin: ARD überraffelhüscht.

[186] vgl. Krauss, Dietrich: Umarmung der Medien und Druck auf kritische Journalisten. S. 110f

[187] vgl. ebd. S. 111

cherte.[188] Aus dieser Zusammenarbeit ging später das Buch »Klassiker der Ökonomie« hervor,[189] welches in Zusammenarbeit mit der Bundeszentrale für politische Bildung entstand und von dieser eine Zeit lang veröffentlicht wurde. Inzwischen ist das Buch nur noch über die INSM zu beziehen, während es optisch nach wie vor die Aufmachung eines Buches der Bundeszentrale für politische Bildung besitzt und diese auch unter dem Copyright aufgeführt wird.[190]

Wie auch schon bei den Booklets, die zusammen mit der Financial Times Deutschland veröffentlicht wurden, werden auch in dem Buch die ökonomischen Klassiker im Anschluß einer Kurzdarstellung ihrer Theorie kommentiert, oftmals auch von Botschaftern der INSM.[191]

Von den Medienkooperationen, bei denen exklusives Material zur Verfügung gestellt wird, profitiert die INSM in besonderer Weise, wie Christian Nuernbergk in seiner Studie nachweisen konnte: Medienberichte, welche auf nichtexklusives Material zurückzuführen waren, waren signifikant kritischer als solche, die auf exklusives Material zurückzuführen waren, welches von der INSM den Medien zur Verfügung gestellt wurden.[192] Hier eigneten sich insbesondere Studien und Umfragen das Zustandekommen von Medienkooperationen in Form von Exklusivbeiträgen.[193] »Wenn man in diesen Fällen berücksichtigt, dass die Berichterstattung überwiegend undifferenziert war und keine alternativen Bewertungen beinhaltete, dann entbehrt der Schluss nicht der Plausibilität, dass eine Vielzahl der von der Initiative bereitgestellten Studien- bzw. Umfrageergebnisse über die Redaktionen ohne eine zuverlässige inhaltliche Auseinandersetzung an die Rezipienten gelangt sein könnte«.[194]

Ein weitere Möglichkeit, wohlmeinende Berichterstattung über die eigenen Themen herbeizuführen, liegt für die INSM in ihrem vergleichsweise großen Werbeetat: »Im sicheren Wissen, dass Blätter,

---

[188] vgl. Gammelin, Cerstin und Götz Hamann: Die Strippenzieher. S. 144
[189] Hüther, Michael (Hrsg.): Klassiker der Ökonomie.
[190] vgl. Hüther, Michael (Hrsg.): Klassiker der Ökonomie.
[191] vgl. Krauss, Dietrich: Umarmung der Medien und Druck auf kritische Journalisten. S. 111 und Hüther, Michael (Hrsg.): Klassiker der Ökonomie.
[192] vgl. Nuernbergk, Christian: Die Mutmacher. S. 111
[193] vgl. ebd.: S. 112
[194] Nuernbergk, Christian: Die Mutmacher. S. 112

die ganzseitige Anzeigen drucken, daneben wohl kaum einen kritischen Beitrag platzieren, schüttet die Initiative in Zeiten sinkender Anzeigenumsätze ein Füllhorn von Reklamegeldern über das Land«.[195] Auch ist das Schalten von Anzeigen ein Mittel, die Kooperationsbereitschaft von Zeitungen im redaktionellen Teil zu honorieren, erklärte INSM-Geschäftsführer Rat gegenüber dem epd (evangelischer Pressedienst).[196]

4.2.2. *Kooperationen mit Fernsehsendern*

Eine weitere Form der Medienkooperation findet mit den Sendemedien des Fernsehens statt. Hier sind unter anderem n-tv und MTV zu nennen,[197] wobei mit letzteren ein gemeinsamer Internetauftritt unter http://www.wassollwerden.de/ (17.07.2009) betrieben wird.

Es gibt aber auch weitere Formen der Medienkooperationen mit den Sendemedien, von denen einige auch in die öffentliche Kritik geraten waren.

So erwarb die INSM die Videorechte des Dreiteilers der »Märchen-Reihe«[198] von Günther Ederer, der vom hessischen Rundfunk (hr) ausgestrahlt wurde.[199] Dieser Vorgang wurde von Volker Lilienthal vom Evangelischen Pressedienst aufgedeckt.[200] Die »Märchen-Reihe« des Journalisten Günther Ederer sollte zunächst nur zwei Folgen umfassen, weil der Hessische Rundfunk für mehr Folgen nicht das Geld aufbringen konnte. Hier sprang nun die berolino.pr ein und kaufte im Vorfeld die Videorechte an der Serie, was die Realisierung des dritten Teils der »Märchen-Reihe« ermöglichte.[201] Nach Schätzungen Lilienthals dürfte die berolino.pr für die Videorechte 66.000 Euro bezahlt haben. Diese Zahl wurde allerdings inzwischen anwaltlich dementiert, wobei

---

[195] Schumacher, Hajo: »Die ewig netten Herren«. S. 85
[196] vgl. Krauss, Dietrich: Umarmung der Medien und Druck auf kritische Journalisten. S. 111
[197] vgl. ebd.
[198] Wenn von der »Märchen-Reihe« die Rede ist, sind damit die folgenden Dokumentationen von Günther Ederer gemeint: »Das Märchen von der sicheren Rente«, »Das Märchen von der gerechten Steuer« und »Das Märchen vom blühenden Arbeitsmarkt« (Titel zitiert nach Krauss, Dietrich: Umarmung der Medien und Druck auf kritische Journalisten. S. 114).
[199] vgl. Krauss, Dietrich: Umarmung der Medien und Druck auf kritische Journalisten. S. 114
[200] vgl. Lilienthal, Volker: Drittmittelfernsehen.
[201] vgl. ebd.

jedoch die Initiative zur Offenlegung der tatsächlichen Summe nicht bereit war.[202] Fest steht indes, daß die Realisierung des dritten Teils der Reihe ohne den Kauf der Videorechte durch die INSM nicht möglich gewesen wäre.[203]

Inhaltlich sei durch die berolino.pr, beziehungsweise die Initiative Neue Soziale Marktwirtschaft kein Einfluß genommen worden, betont Ederer, was auch gar nicht nötig war, denn laut Rath sprach Ederer der INSM »aus dem Herzen«.[204]

Insgesamt wurde somit die Sozialstaatskritik Ederers um ca. 45 Minuten verlängert, was auf der anderen Seite keine höheren Kosten für den Hessischen Rundfunk zeitigte, und am Ende dürfte die INSM durch den Verkauf der Videokassetten zu der Reihe die in die Rechte investierte Summe wieder herausgeholt haben.[205]

Es gab aber auch weitere Angebote der INSM an die Sendemedien: Über die Agentur Western Star wurden O-Töne produziert und den Sendern angeboten. Im Rahmen eines Beitrags für das Politikmagazin Monitor erklärten diese jedoch, daß die Beiträge bezahlt und redaktionell bearbeitet worden seien.[206]

Eine weitere Form der Medienkooperation geriet ebenfalls in die öffentliche Kritik. Die INSM kaufte für 58.670 Euro Dialoge in der Vorabendserie der ARD »Marienhof« ein, die ihre politischen Ziele bewarben, wenngleich die Geschäftsführer der INSM behaupteten, diese seien ideologiefrei gewesen.[207]

Eine Studie von LobbyControl kommt indes zu einem anderen Schluß: Die Dialoge seien in die tagesaktuellen Diskussionen entlang der politischen Ziele der INSM eingebettet worden.[208] Beworben wurden die Themen Zeitarbeit, Lohnnebenkosten und mehr Wirtschaft in der Schule.[209] Hinsichtlich des Beispiels der Zeitarbeit dokumentiert LobbyControl, daß in dem Zeitraum, in dem die Zeitarbeit im Marienhof thematisiert wurde, zum einen die sogenannte »Hartz-Kommission« an der Reform der Arbeitsvermittlung arbeitete und in diesem Rahmen auch die Zeitarbeit

---

[202] vgl. Lilienthal, Volker: Formierte Öffentlichkeit. S. 118
[203] vgl. Lilienthal, Volker: Drittmittelfernsehen.
[204] vgl. ebd.
[205] vgl. ebd.
[206] vgl. Krauss, Dietrich: Umarmung der Medien und Druck auf kritische Journalisten. S. 114
[207] vgl. ebd. S. 115
[208] vgl. LobbyControl: INSM und Marienhof – eine kritische Bewertung.
[209] vgl. ebd.

thematisierte. Zudem transportierte der Dialog das Bild der flexiblen Arbeitnehmerin, die über Eigeninitiative eine neue Arbeit in der Zeitarbeit findet, was von der INSM gerne als Leitbild propagiert wird.[210] Für diesen Vorgang erhielt die INSM eine Rüge vom Deutschen Rat für Public Relations und akzeptierte diese auch.[211] Zurückgezogen wurde schließlich auch die Behauptung, daß die Dialoge ideologiefrei gewesen seien.[212]

Eine indirekte Form der Medienkooperation ist die Erzeugung von Bildern, die dann durch die Medien verwendet werden. Durch Aktionen der INSM werden Bilder geschaffen, die anschließend über die Presseagenturen in die Medien wandern. So tauchte ein Photo über die Föderalismusreform immer wieder in den Medien auf, bei dem mehrere junge Leute, die jeweils die Wappen der einzelnen Bundesländer auf ihren T-Shirts hatten, an Seilen zogen, die in der Mitte zu einen großen Knoten gebunden waren. Weder auf dem Photo noch im Begleittext war ersichtlich, daß es sich um eine Aktion der Initiative Neue Soziale Marktwirtschaft handelte.[213] Auf Nachfrage erklärte die Süddeutsche Zeitung, daß sie das Photo so vom Bilddienst der Presseagentur dpa bekommen habe. Per telephonischen Rückruf erklärte ein Mitarbeiter der dpa, daß das Photo in der Tat nicht gelungen sei. Es hätte ein Hinweis auf den Urheber der Aktion erfolgen sollen, und daß dies nicht geschah sei ein Fehler gewesen.

4.3. Der Internetauftritt der INSM

Der Internetauftritt der INSM hat sich über die Jahre weiterentwickelt. Im Frühjahr 2009 bekamen die Hauptseiten der Initiative ein neues Design, bei dem auch die Verlinkungen zu den zahlreichen weiteren Seiten der INSM übersichtlicher gestaltet wurden.

Neben der Hauptseite http://www.insm.de/, die anfangs unter der Adresse http://www.chancenfueralle.de/ zu erreichen war, sind in den letzten Jahren zahlreiche weitere Seiten entstanden, die von der INSM betreut werden, und die sich an verschiedene Zielgruppen richten.

---

[210] vgl. ebd.
[211] vgl. Speth, Rudolf: Die zweite Welle der Wirtschaftskampagnen. S. 18
[212] vgl. Krauss, Dietrich: Umarmung der Medien und Druck auf kritische Journalisten. S. 115
[213] vgl. http://www.lobbycontrol.de/blog/index.php/2006/03/foderalismusreform-insm-foto-in-der-sz/ (17.07.2009)

Um Lehrer als Multiplikatoren anzusprechen wurde die Seite http://www.wirtschaftundschule.de/ (17.07.2009) eingerichtet, auf der auch kostenloses Unterrichtsmaterial zum Herunterladen bereitgestellt wird, welches mit Aufgaben- und Lösungsblättern bereits fertig für die Verwendung im Unterricht aufbereitet ist. Angeboten wird auch ein Lexikon, in dem Grundbegriffe der Marktwirtschaft erklärt werden, und das durch Mitarbeiter des Instituts der deutschen Wirtschaft und der INSM erstellt wurde. [214]

Auch über die Unterrichtsmaterialien sollen die Botschaften der INSM bereits durch die Lehrer an den Schulen verbreitet werden. [215]

Ein weiterer Internetauftritt richtet sich an die Jugendlichen direkt: http://www.wassollwerden.de/ (17.07.2009). Die Internetseite ist in Zusammenarbeit mit dem Musiksender MTV entstanden und nicht so textlastig wie die anderen Angebote der INSM. [216]

Des Weiteren verfügen die Ranking-Studien der Initiative über eigene Internetauftritte, auf denen die jeweils aktuellen Ergebnisse der Studien vorgestellt werden. Auf diesen Seiten wird meistens auch die Methodik der Studien erläutert. Die Ergebnisse werden in einer leichtverständlichen Weise präsentiert und richten sich an ein Publikum, welches zum Beispiel beim Städteranking wissen möchte, wie die eigene Stadt dasteht.

Zudem hat die Initiative Neue Soziale Marktwirtschaft mit dem Aufkommen der Weblogs auch dieses Medium für sich entdeckt, und unter anderem ein Erhard-Blog,[217] ein Ökonomen-Blog,[218] und auch ein INSM-Tagebuch[219] als Weblog eingerichtet. Auch zu verschiedenen Buchprojekten der Initiative wurden eigene Internetauftritte eingerichtet, als Beispiel sei hier http://www.wahre-superstars.de/ genannt,[220] das sich auf das Buch »Deutschlands wahre Superstars« bezieht, welches durch die INSM-Geschäftsführer Max A. Höfer und Dieter Rath herausgegeben wurde.

Zu den Stilmitteln der INSM und zur Verbreitung ihrer Botschaf-

---

[214] vgl. http://www.insm.de/insm/-ABLAGE-/Services/Lexikon/Autorenliste.html (17.07.2009)

[215] vgl. Speth, Rudolf: Die zweite Welle der Wirtschaftskampagnen. S. 21

[216] vgl. Speth, Rudolf: Die politischen Strategien der Initiative Neue Soziale Marktwirtschaft. S. 25

[217] http://www.ludwig-erhard-insm.de/ (17.07.2009)

[218] http://www.insm-oekonomenblog.de/ (17.07.2009)

[219] http://www.insm-tagebuch.de/ (17.07.2009)

[220] http://www.wahre-superstars.de/ (17.07.2009)

ten zählt auch das Browser-Spiel »Fantastic Five – Verballer die Staatsknete!«.[221] In der Einführung zu dem Spiel werden die »Wahlgeschenke« kritisiert. Als Sinn des Spiels wird der Appell »Maßhalten« an die Politik auch im Wahljahr angeführt.[222] Am Ende der Ausführungen wird darauf verwiesen, daß das Spiel keine Bewertung vornehme, ob die Ausgaben sinnvoll seien oder nicht, der Aspekt des Maßhaltens indes wird mehrfach betont.[223]

4.4. Die INSM als Objekt der Berichterstattung

Seit etwa 2004 wurde die Initiative Neue Soziale Marktwirtschaft zunehmend Objekt der Berichterstattung. Während die Initiative bis etwa 2003 im Stillen arbeiten konnte, ohne selbst Thema in den Medien zu werden,[224] nahm die kritische Berichterstattung in den Jahren 2004 und mehr noch im Jahr 2005 spürbar zu. Dies hing auch mit den im Abschnitt 4.4. beschriebenen Vorfällen um die »Märchen-Reihe« und die gekauften Dialogen im Marienhof zusammen.

Neben den genannten Vorfällen wurden auch die politischen Strategien der Initiative in den Medien diskutiert. So verfaßte der Journalist Dietrich Krauss einen Beitrag für das Fernsehmagazin Plusminus, in dessen Rahmen er auch die Rolle Oswald Metzgers beleuchtete. »»Machen Sie einen kritischen Bericht?«, wollte der Geschäftsführer der INSM, Tasso Enzweiler, vor dem Interview wissen. Und Kuratoriumsmitglied Oswald Metzger drohte nach einem Interview im Juli 2005: »Ich werde herausbekommen, wie sie an diesen Auftrag gekommen sind!«".[225]

Von Druck auf kritische Berichterstattung über die Initiative Neue Soziale Marktwirtschaft wird öfters berichtet. So wird von Druck auf die freie Journalistin Brigitte Baetz berichtet. Sie sollte ihren Bericht der Initiative zur Abnahme vorlegen und bedenken, daß sie als freie Journalistin ja auch später noch Aufträge brauche. Weil sie auch für den Vorwärts schreibe, wurde ihre Qualifikation in

---

[221] http://www.verballer-die-staatsknete.de/game.html (17.07.2009)
[222] vgl. http://www.insm.de/insm/Aktionen/INSM-Kampagnen/Rekordverschuldung/INSM-Game-Staatsknete.html (17.07.2009)
[223] vgl. ebd.
[224] vgl. Nuernbergk, Christian: Die PR-Kampagne der Initiative Neue Soziale Marktwirtschaft und ihr Erfolg in den Medien. S. 161
[225] Krauss, Dietrich: Umarmung der Medien und Druck auf kritische Journalisten. S. 108

Frage gestellt, über die INSM zu berichten und die Initiative wandte sich auch an ihre Vorgesetzten.[226] Auch im Falle von Dietrich Krauss wandte sich die Initiative an die Intendanz, Mitglieder des Rundfunkrates und des Programmbeirates. Der Vorwurf lautete auch hier, daß Krauss voreingenommen berichtet habe.[227]

Nicole Otte selbst bekam auch die Konsequenzen ihrer kritischen Berichterstattung zur INSM zu spüren: »Die INSM meldete sich bei ihrem Arbeitgeber und fragte nach ob er darüber informiert sei, dass sie journalistisch tätig sei«.[228]

Die Initiative Neue Soziale Marktwirtschaft betont indes, daß sie Redakteure eben nur über unzutreffende Berichterstattung informiere. Eine Gegendarstellung gab es jedoch bis 2005 nicht.[229]

Neben diesen kritischen Berichten über die INSM, die, wie gezeigt, zu Reaktionen seitens der Initiative führen, verläuft die Berichterstattung bemerkenswert unauffällig. In seiner Studie stellt Christian Nuernbergk fest, daß nicht nur die Hintergründe der Botschafter und Kuratoren selten erläutert werden, sondern daß auch die Hintergründe der Initiative Neue Soziale Marktwirtschaft selten ausgeführt werden, wenn auf die Initiative Bezug genommen wird: »Betrachtet man die Berichterstattung unter diesem Gesichtspunkt, so zeigt sich, dass in der weit überwiegenden Zahl der Medienberichte nähere Angaben zur Initiative, zu ihren Auftraggebern und zu ihren Finanziers einfach unter den Tisch fallen«.[230] Wertungen über die Initiative würden selten vorgenommen und diese waren überwiegend neutral.[231]

---

[226] vgl. Otte, Nicole: Kritiken häufen sich. Lobbygruppe INSM bedrängt Journalisten. , Speth, Rudolf: Die zweite Welle der Wirtschaftskampagnen. S. 19 und Krauss, Dietrich: Umarmung der Medien und Druck auf kritische Journalisten. S. 120

[227] vgl. Otte, Nicole: Die Medien einschüchtern.

[228] Speth, Rudolf: Die politischen Strategien der Initiative Neue Soziale Marktwirtschaft. S. 19

[229] vgl. Otte, Nicole: Die Medien einschüchtern.

[230] Nuernbergk, Christian: Die Mutmacher. S. 124

[231] vgl. Nuernbergk, Christian: Die PR-Kampagne der Initiative Neue Soziale Marktwirtschaft und ihr Erfolg in den Medien. S. 172

5. Die Ranking-Studien der INSM

Die Studien der INSM werden in der Regel vom Institut der deutschen Wirtschaft in Köln (IW) erstellt. Das IW Köln ist ein Think Tank, der wesentlich vom Bundesverband der Deutschen Industrie (BDI) und von der Bundesvereinigung der Deutschen Arbeitgeberverbände (BDA) getragen wird.[232] Es sieht sich marktwirtschaftlichen Prinzipien verpflichtet, entwirft nicht nur Strategien, sondern fördert und fordert deren Umsetzung.[233]

5.1. Bundesländerranking, Städteranking, Bildungsmonitor und Unicheck

Ein wichtiges Mittel der INSM zum Transport ihrer Botschaften sind die diversen Ranking-Studien, einzelne in Kooperation mit Zeitungen – hier meist Wirtschaftszeitungen – erstellt werden. Zwei prominente Studien sind das Bundesländerranking und der Bildungsmonitor, beide erstellt durch das Institut der deutschen Wirtschaft Köln.[234] Bundesländerranking und Städteranking sind von der Struktur her vergleichbar und werden in Kooperation mit der *Wirtschaftswoche* erstellt.[235] Verschiedene weitere Ranking-Studien sind über die Startseite der INSM verlinkt, wie das Parkgebührenranking oder der Kita-Monitor, letzter wird in Kooperation mit der Zeitschrift *Eltern* erstellt.[236]

Ranking-Studien sind für die INSM aus mehreren Gründen interessant: Zum einen befördern sie den von ihnen ohnehin propagierten Wettbewerb.[237] Zudem sind Ranking-Studien in der Presse populär, insbesondere wenn sie regionale Bezüge haben wie das Städteranking, das Bundesländerranking oder das Regionalranking. Diese werden auch von Regionalzeitungen aufgegriffen und zitiert und erreichen damit eine weite Verbreitung.[238]

Der eigene Anspruch des Bundesländerrankings ist, »im Sinne

---

[232] vgl. Gellner, Winand: Ideenagenturen für Politik und Öffentlichkeit. S. 203

[233] vgl. http://www.iwkoeln.de/tabid/190/default.aspx (22.07.2009)

[234] vgl. http://www.bundeslaenderranking.de/ (26.07.2009), http://www.insm-bildungsmonitor.de/ (26.09.2009)

[235] vgl. http://www.bundeslaenderranking.de/ (26.07.2009) und http://www.insm-wiwo-staedteranking.de/ (26.07.2009)

[236] vgl. http://www.insm-kindergartenmonitor.de/ (26.07.2009)

[237] vgl. Krauss, Dietrich: Umarmung der Medien und Druck auf kritische Journalisten. S. 112

[238] vgl. Nuernbergk, Christian: Die Mutmacher. S. 83

eines produktiven föderalen Wettbewerbs Debatten über mögliche und notwendige wirtschaftspolitische Verbesserungen in Deutschland auslösen«.[239] Im Gegensatz zum Städteranking ist beim Bundesländerranking die Methode, nach der das Ranking erstellt wurde, nicht gesondert ausgewiesen. Diese werden nur bei den Einzelergebnissen andeutungsweise erläutert: »Die von der IW Consult GmbH im Auftrag von INSM und WiWo erstellte Studie berücksichtigt zahlreiche ökonomische und strukturelle Indikatoren wie Bruttoinlandsprodukt, Kaufkraft, Kitabetreuungsquote oder Investitionsquote«.[240] Dabei orientiert sich die Gewichtung der Kriterien, nach denen ein Bundesland auf- oder absteigt, doch eher an politischen als wissenschaftlichen Vorgaben, wie dieses Beispiel aus Nordrhein-Westfalen zeigt, bei dem die INSM folgenden Umstand als »Schwäche« Nordrhein-Westfalens kennzeichnet: »Rechnerisch stieg in Nordrhein-Westfalen die Zahl der Beschäftigten im Öffentlichen Dienst von 2004 bis 2006 um 0,2 Staatsdiener je 1000 Einwohner. Bundesweit sank sie statistisch um 0,9 Staatsdiener. Letzter Platz für Nordrhein-Westfalen«.[241]

Entstaatlichung und Bürokratieabbau zählt zu den wesentlichen Zielen der INSM,[242] insofern ist es nicht verwunderlich, daß eine Zunahme von Staatsbediensteten als Negativfaktor betrachtet wird. Das gleiche Muster findet sich auch beim Städteranking, wo es viele Punkte dafür gibt, wenn es möglichst wenig öffentlich Beschäftigte pro Einwohner gibt.[243] Dabei wird nicht einmal zwischen Teilzeit- und Vollzeitstellen differenziert, wodurch die Stadt Stuttgart auf 2.7 Beschäftigte pro 100 Einwohner kam, während das eigentliche Volumen, berücksichtigt man die Teilzeitstellen, bei 1.7 Beschäftigte pro Einwohner liegt.[244]

Der Bildungsmonitor hat indes einen ausdrücklich wissenschaftlichen Anspruch. Dies geht zum einen aus der Methodik hervor, zum anderen wird der Anspruch ausdrücklich bei den Bewertun-

---

[239] http://www.bundeslaenderranking.de/ (26.07.2009)
[240] vgl. http://www.bundeslaenderranking.de/2008_bl_dyn_nordrhein-westfalen.html (26.07.2009)
[241] vgl. ebd.
[242] (vgl http://www.insm.de/insm/ueber-die-insm/Ziele-der-Initiative.html (08.07.2009)
[243] vgl. Krauss, Dietrich: Umarmung der Medien und Druck auf kritische Journalisten. S. 111
[244] vgl. ebd. S. 112

gen einzelner Länder formuliert.[245] Dafür wird auf statistisches Material aus verschiedenen Quellen zurückgegriffen, darunter die PISA-Studie und Material der statistischen Landesämter.[246]

Es werden 13 bildungspolitische Handlungsfelder formuliert, auf deren Grundlage die Bundesländer einen Benchmarking unterzogen werden.[247] Zugrunde gelegt wird die Humankapitaltheorie. Um die verschiedenen Bildungssystem der sechzehn Bundesländer vergleichen zu können, werden 102 Input- und Outputindikatoren gebildet, anhand derer das Benchmarking vorgenommen wird.[248] Grundsätze für die Indikatoren sind:

- »Die Indikatoren sollten einen Erklärungsbeitrag hinsichtlich der bildungsökonomischen Ziele und der Handlungsfelder leisten können,
- sie sind messbar und
- zur Lösung der formulierten Probleme im gewünschten Arbeitskontext relevant und
- für die Zielgruppen der Studie nachvollziehbar«.[249]

Die 13 zugrunde gelegten Handlungsfelder sind danach ausgelegt, daß ihre Ergebnisse Einflüsse »auf die Wachstumstreiber Humankapitalausstattung, Erwerbstätigkeit, Abgabenlast und Investitionsquote«[250] haben. Erneut tritt auch wieder der Wettbewerb als Lösungsansatz für gesellschaftliche Probleme hervor: »Mehr Wettbewerb in der Bildung schafft mehr Qualität.[251]

Wie auch bei den anderen Ranking-Studien zeigt sich hier, daß die Auswahl der Kriterien, an denen das Bildungssystem gemessen wird, an der Zielsetzung der INSM ausgerichtet sind.[252] Bildung wird als Investition begriffen, die letztlich auch Profite abwerfen soll.[253] Zudem sollte nicht vergessen werden, daß das Institut der

---

[245] vgl. u.a. http://www.insm-bildungsmonitor.de/2008_best_nordrhein-westfalen.html (28.09.2009)

[246] vgl. http://www.insm-bildungsmonitor.de/2008_faq.html (28.09.2009)

[247] vgl. http://www.insm-bildungsmonitor.de/2008_methodik.html (26.09.2009)

[248] vgl. ebd.

[249] ebd.

[250] http://www.insm-bildungsmonitor.de/2008_faq.html (28.09.2009)

[251] http://www.insm-bildungsmonitor.de/2008_faq.html (28.09.2009)

[252] Schuldt, Karsten: Mit Punkten Bildungspolitik machen.

[253] vgl. http://www.insm-bildungsmonitor.de/2008_faq.html (28.09.2009)

deutschen Wirtschaft Köln (IW), welches den Bildungsmonitor erstellt hat, ein Think Tank der Arbeitgeberverbände ist.[254] Der Umstand, daß der Bildungsmonitor von der arbeitgeberfinanzierten INSM in Auftrag gegeben wurde, schlägt sich jedoch oftmals ebenso wenig in den Berichten nieder wie die Thematisierung möglicher Kritikpunkte bei der Auswahl der Kriterien für diese Studie, wie LobbyControl feststellte.[255]

Ohnehin ist die Thematisierung der oft komplexen Kriterien nicht einfach und – wenn überhaupt – nur für jene zu verstehen, die sich eingehender mit den Studien befaßt haben. Aus diesem Grund ist substanzielle Kritik an den Studien schwierig.[256] Insofern wäre es bei der Darstellung der Ergebnisse zumindest wichtig, daß »die Redaktionen wenigstens die initiierende Quelle differenzierter beschreiben«.[257]

Eine Besonderheit unter den Ranking-Studien der INSM ist der Unicheck. Im Gegensatz zu den anderen Studien wird er nicht durch das IW erstellt sondern durch die Möglichkeit von Studenten, ihre Hochschulen nach einem Fragekatalog zu bewerten.[258] Unicheck hat den Anspruch, die Verwendung von Studiengebühren zu kontrollieren und darüber zu informieren, wofür sie verwendet werden.[259] Betrieben wird Unicheck von der INSM in Kooperation mit der Financial Times Deutschland, dem Studentenmagazin Unicum und dem Verbrauchermagazin »Guter Rat«.[260] Ursprünglich war die Verbraucherzentrale NRW Kooperationspartner bei Unicheck, verließ Unicheck jedoch mit der Begründung, daß sie gegenüber der öffentlichen Kritik nicht rechtfertigen könnte, daß sie auf der einen Seite eine kritische Haltung zu Studiengebühren habe, auf der anderen Seite Verbraucherinformationen zum Umgang mit Studiengebühren biete,[261] so stellt es zumindest die INSM in ihrem Pressespiegel dar.

Auf einen wissenschaftlichen Anspruch will die INSM indes auch bei Unicheck nicht verzichten: Der Fragebogen, den die INSM

---

[254] vgl. Speth, Rudolf: Advokatorische Think Tanks und die Politisierung des Marktplatzes der Ideen, S. 12
[255] vgl. LobbyControl: Presseecho zu Bildungsmonitor der INSM
[256] vgl. Nuernbergk, Christian: Die Mutmacher. S. 83
[257] Nuernbergk, Christian: Die Mutmacher. S. 84
[258] vgl. http://www.unicheck.de/index.html (26.07.2009)
[259] vgl. http://www.unicheck.de/about/targets.html (26.07.2009)
[260] vgl. http://www.unicheck.de/about/Initiatoren.html (26.07.2009)
[261] vgl. http://www.insm.de/ (08.07.2009)

durch die Studenten ausfüllen läßt, habe einen wissenschaftlichen Anspruch.[262] Zwar müssen Studenten, die ihre Hochschulen bewerten wollen, sich registrieren um »Mehrfachabstimmungen weitgehend auszuschließen«,[263] auf der anderen Seite gibt es diesbezüglich bei Unicheck keine wirklichen Kontrollen: Wer über mehrere E-Mail-Adressen verfügt, kann sich dort auch problemlos mehrfach registrieren. Das wissen im Grunde auch die Betreuer des Portals, weswegen auch ausdrücklich kein repräsentativer Anspruch erhoben wird.[264] Insofern kann Unicheck eher als eine nicht repräsentative Umfrage betrachtet werden denn als wissenschaftliche Studie im Sinne der anderen Ranking-Studien.

5.2. Das »Merkelmeter«

Mit dem Amtsantritt von Bundeskanzlerin Angela Merkel entstand das sogenannte »Merkelmeter« in Zusammenarbeit mit der *Wirtschaftwoche*.[265] Zuvor war von der INSM das Reformbarometer geführt worden, mit der die Regierung an die Notwendigkeiten für Reformen erinnert werden sollte.[266] Auch das Reformbarometer hatte einen wissenschaftlichen Anspruch und ist, nachdem es zum letzten Mal im Mai 2005 aktualisiert wurde, als Vorläufer des »Merkelmeters« zu betrachten.[267] Wie auch beim Merkelmeter wurden für das Reformbarometer bestimmte politische Ziele ausgewiesen, die sich im Fall des Reformbarometers an den Forderungen des Sachverständigenrates zur Begutachtung der gesamtwirtschaftlichen Lage, die Konzeptionen der sogenannten »Herzog-Kommission« und den Steuerreformvorschlägen von Friedrich Merz orientierten.[268] Anhand dieser Ziele wurde dann die Politik der Regierung gemessen.

---

[262] vgl. http://www.unicheck.de/about/Methodik-und-Bewertung.html (28.07.2009)
[263] ebd.
[264] vgl. ebd.
[265] vgl. http://www.insm-merkelmeter.de/ (19.07.2009).
[266] vgl. http://www.insm.de/insm/Wissen/INSM-Tools/Reformbarometer.html (17.07.2009)
[267] vgl. ebd.
[268] vgl. Speth, Rudolf: Die politischen Strategien der Initiative Neue Soziale Marktwirtschaft. S. 32

5.2.1. *Methode und Grundlagen des »Merkelmeters«*

Die Initiative Neue Soziale Marktwirtschaft hat in einer Zusammenfassung die Grundzüge der Methode offengelegt, nach denen die Bewertungen der Arbeit der Bundesregierung im »Merkelmeter« vorgenommen werden.[269] Auf dieser Grundlage wurden bislang elf »Merkelmeter« erstellt.[270]

Bewertet werden Kabinettsbeschlüsse, Regierungserklärungen, Gesetzentwürfe und Gesetze der Bundesregierung, denn diese wird als maßgeblicher Impulsgeber für Reformen angesehen, wenngleich auch weitere Institutionen wie der Bundesrat an der Gesetzgebung beteiligt ist.[271] Für die Bereiche Arbeitsmarkt, soziale Sicherung, Steuern und Finanzen sowie Governance wurden 14 Kriterien aufgestellt, anhand derer die Analysen ausgerichtet werden. Grundlage ist die programmatische Broschüre »Vision Deutschland«, welches vom Institut der Deutschen Wirtschaft im Auftrag der INSM ausgearbeitet wurde, als auch ein Wachstumsmodell des Sachverständigenrates zur Begutachtung der gesamtwirtschaftlichen Entwicklung.[272]

Wesentliche Maßnahmen, die nach Auffassung der INSM ergriffen werden müssen, ist die Fokussierung auf einen Wachstumskurs, Stärkung der Verantwortung des Einzelnen bei gleichzeitigem Rückbau des Staates, sowie die Stärkung des Wettbewerbs für Wachstum und Wohlstand.[273] Darauf bauen die Forderungen im Hinblick auf die institutionelle Ebene auf, daß die Sozialbeiträge gesenkt und vom Faktor Arbeit abgekoppelt werden sollen, die Einkommensentstehung weniger, dafür die Einkommensverwendung stärker besteuert werden soll sowie ein Sinken der Staatsquote bei gleichzeitigem Abbau des Staatsdefizits.[274]

Hinsichtlich der Teilindikatoren des »Merkelmeters« stellt die INSM klare Forderungen auf, wie die Deregulierung des Arbeitsmarktes und den Abbau von Transferleistungen, der Stärkung des Versicherungsprinzips in den Sozialversicherungen sowie die

---

[269] vgl. http://www.insm-merkelmeter.de/files/pdf/Merkelmeter_Methodik.pdf (25.07.2009)

[270] vgl. http://www.insm-merkelmeter.de/downloads.html (25.07.2009)

[271] vgl. http://www.insm-merkelmeter.de/files/pdf/Merkelmeter_Methodik.pdf (25.07.2009): S. 2

[272] vgl. ebd.

[273] vgl. ebd.: S.4

[274] vgl. ebd.

Senkung von deren Beitragssätzen für die Arbeitgeber. Im Bereich der Steuern und Finanzen soll eine Entlastung von Steuern für Unternehmen und Bürger gemessen sowie festgestellt werden, ob die Haushaltskonsolidierung vorankommt, während im Bereich Governance auf Entbürokratisierung und Privatisierung sowie eine eindeutige Zuordnung der Kompetenzen im Föderalismus und dessen Weiterentwicklung zu einem Wettbewerbsföderalismus gefordert wird.[275]

Weil sie zur Bewertung des »Merkelmeters« eine wesentliche Rolle spielen, sollen hier nun die Kriterien für die einzelnen Bereiche wörtlich aufgeführt werden:

» Arbeitsmarkt
1 Deregulierung des Arbeitsmarktes
1.1 Betriebliche Ebene wird gestärkt
1.2 Arbeitszeit wird flexibler
1.3 Marktzugang wird vereinfacht
1.4 Arbeitsrecht wird vereinfacht

2 Abbau von Verzerrungen bei den Transferleistungen
2.1 Bezugsdauer von Lohnersatzleistungen sinkt
2.2 Transferhöhe sinkt
2.3 Abgabenbelastung niedriger Einkommen sinkt
2.4 Versicherungsprinzip wird gestärkt

3 Verbesserung der aktiven Arbeitsmarktpolitik
3.1 Dauer der Arbeitslosigkeit sinkt
3.2 Laufzeit der offenen Stellen sinkt
3.3 Eingliederungsquote steigt
3.4 Reichweite aktiver Maßnahmen steigt

Soziale Sicherung
1 Gesetzliche Rentenversicherung

---

[275] vgl. ebd. S. 6f

1.1 Ausgaben (je Versicherten) sinken
1.2 Reduktion intergenerativer Lastverschiebung
1.3 Versicherungsprinzip wird gestärkt

2 Gesetzliche Krankenversicherung
2.1 Ausgaben (je Versicherten) sinken
2.2 Reduktion intergenerativer
Lastverschiebung
2.3 Versicherungsprinzip wird gestärkt

3 Soziale Pflegeversicherung
3.1 Ausgaben (je Versicherten) sinken
3.2 Reduktion intergenerativer
Lastverschiebung
3.3 Versicherungsprinzip wird gestärkt

4 Lohnzusatzkosten
4.1 Beitragssätze der Arbeitgeber zur
Sozialversicherung sinken
4.2 Beitragsbemessungsgrenzen steigen
langsamer als versicherungspflichtige
Einkommen

Steuern und Finanzen
**1 Reduzierung der Steuerbelastung der
Unternehmen**
1.1 Grenzbelastung gewerblicher Einkommen
sinkt
1.2 Grenzbelastung von Kapitalgesellschaften
sinkt
1.3 Gesamtsteuerlast von
Personenunternehmen sinkt
1.4 Gesamtsteuerlast von
Kapitalgesellschaften sinkt

**2 Reduzierung der Steuerbelastung der
Bürger**
2.1 Grenzbelastung privater Einkommen sinkt

2.2 Gesamtsteuerlast privater Einkommen u. Vermögen sinkt

2.3 Verbrauchsteuerbelastung sinkt

3 Konsolidierung der öffentlichen Haushalte

3.1 Staatsausgaben sinken

3.2 Staatsdefizit sinkt

3.3 Öffentliche Investitionen steigen

3.4 Subventionen sinken

4 Effizienz des Steuersystems

4.1 Steuerliche Diskriminierung wird abgebaut

4.2 Steuersystem wird einfacher

4.3 Steuerstruktur wird wachstumsfreundlicher

Governance
1 Bürokratieabbau

1.1 Bürokratieintensität wird verringert

1.2 Selbstbindung des Staates nimmt zu

1.3 Verwaltung wird modernisiert/entschlackt

2 Föderalismus (Aufgabenerfüllung)

2.1 Entscheidungsmechanismen werden gestärkt

2.2 Kompetenzen werden eindeutig zugeordnet

2.3 Konnexität wird gestärkt

3 Fiskalföderalismus (Einnahmen und Ausgaben)

3.1 Steuerautonomie wird gestärkt

3.2 Einnahmen-/Ausgabenhaftung wird gestärkt

3.3 Grenzabschöpfungen werden reduziert«[276]

---

[276] http://www.insm-merkelmeter.de/files/pdf/Merkelmeter_Methodik.pdf (25.07.2009): S. 8ff, Hervorhebungen im Original.

Anhand der Kriterien werden Punkte als Prozentpunkte für die einzelnen Gesetze oder Bereiche vergeben. Ausgangspunkt ist der Amtsantritt der Regierung Merkel mit 0 als Wert, während sich der Wert von 100% im Idealfall am Ende der Legislaturperiode einstellen soll. Von hier aus können entsprechend Plus- oder Minuspunkte vergeben werden, die für die einzelnen Teilbereiche vergeben und dann noch einmal zu einer Gesamtbewertung addiert werden.[277]

5.2.2.   *Ergebnisse aus dem »Merkelmeter«*

Auf der Grundlage der unter 5.2.1. ausgeführten Methoden sind inzwischen elf »Merkelmeter« erstellt worden. Im Folgenden soll nun ein Blick auf das 11., 10. und 9. Merkelmeter geworfen werden.

5.2.2.1.   *Das elfte »Merkelmeter«*

Das neueste »Merkelmeter« stammt vom 4. Februar 2009.[278] Nach einleitenden Worten des Direktors des Instituts der deutschen Wirtschaft, welches die Studie erstellt hat, findet sich eine Zusammenfassung der Ergebnisse bevor es in die Details geht, die für diese Arbeit von Interesse sind.

Im elften »Merkelmeter« verzeichnet die Bundesregierung Punktezuwachs auf allen vier bewerteten Feldern.[279] Dabei setzen sich die Punktwerte in den einzelnen Feldern aus der Addition verschiedener Punktwerte zusammen, die für einzelne gesetzliche Maßnahmen der Bundesregierung verteilt wurden.[280]

Maßnahmen, die im 11. »Merkelmeter« zu Pluspunkten geführt hatten, waren unter anderem die Verlängerung des Kurzarbeitergeldes von 12 auf 18 Monate, die Senkung des Beiträge zur Arbeitslosen- und Krankenversicherung, die Absetzbarkeit von Vorsorgeaufwendungen, und die Reform der Kfz-Steuer, die durch die INSM sowohl im Bereich Steuer- und Finanzpolitik als auch im

---

[277] vgl. ebd. S. 5 und u.a. Scharnagel, Benjamin 2009: Konjunkturpakete – Mit dem Zweiten hilft man besser! S. 8

[278] vgl. Scharnagel, Benjamin 2009: Konjunkturpakete – Mit dem Zweiten hilft man besser!

[279] vgl. http://www.insm-merkelmeter.de/ (19.07.2009).

[280] für die Ergebnisse von 2009 vgl. Scharnagel, Benjamin 2009: Konjunkturpakete – Mit dem Zweiten hilft man besser! S. 9

Bereich Governance positiv bewertet wird.[281] Zu negativer Bewertung führten unter anderem die Erhöhung des Beitrags zur gesetzlichen Krankenversicherung (zum 01.01.2009 vor deren Senkung zum 01.07.2009, die dann wiederum positiv bewertet wurde) und das höhere Defizit 2009.[282]

In den Erläuterungen zu den Bewertungen finden sich nun die Gründe, die aus Sicht der INSM zu der jeweiligen Vergabe der Punkte geführt haben. Die Vergabe von 2.0 Punkten für die Verlängerung des Kurzarbeitergeldes wird damit begründet, daß durch diese Maßnahme betriebsspezifisches Humankapital nicht verloren gehe, weil der Anreiz für die Unternehmen, ihre Mitarbeiter auch in der Krise zu halten, erhöht werde, letztlich auch dadurch, daß die Bundesagentur für Arbeit die Hälfte der fälligen Sozialversicherungsbeiträge übernehme.[283]

Schaut man sich die Kriterien an, die die INSM für den Abschnitt Arbeitsmarkt erstellt hat, steht diese Bewertung in gewisser Weise quer zu den eigenen Vorgaben, denn letztlich handelt sich es bei der Maßnahme um eine Verlängerung von Transferleistungen, die konsequenter mit einem Punktabzug hätte belegt werden müssen. Daß dies nicht geschieht wird mit der »derzeitigen Sondersituation« begründet.[284]

Im Bereich der Sozialpolitik bleibt die INSM gemessen an ihren Kriterien konsequent: Punktabzug für Beitragserhöhungen, Pluspunkte für Beitragssenkungen.[285]

Im Bereich der Steuer- und Finanzpolitik sind insbesondere die Argumente hinsichtlich der Kfz-Steuer und der Staatsverschuldung interessant. Hinsichtlich der Steigerung des Staatsdefizits wird der Bundesregierung zwar eingeräumt, daß sie für den Konjunktureinbruch nichts könne, zugleich wird ihr jedoch vorgehalten, in den guten Jahren den Haushalt nicht hinreichend konsolidiert zu haben.[286] Für das Staatsdefizit bekommt die Regierung einen Punkt-

---

[281] vgl. Scharnagel, Benjamin 2009: Konjunkturpakete – Mit dem Zweiten hilft man besser! S. 9

[282] vgl. ebd.

[283] vgl. Scharnagel, Benjamin 2009: Konjunkturpakete – Mit dem Zweiten hilft man besser! S. 10

[284] vgl. ebd.

[285] vgl. ebd.: S. 12ff

[286] vgl. Scharnagel, Benjamin 2009: Konjunkturpakete – Mit dem Zweiten hilft man besser! S. 24

abzug von 11.9 Punkten.[287]

Die Neuregelung zur Kfz-Steuer wird im »Merkelmeter« sogleich zweimal bewertet, nämlich im Bereich »Steuer- und Finanzpolitik« als auch im Bereich »Governance«. Hinsichtlich der Steuer- und Finanzpolitik wird die Rechtssicherheit betont, die nun eingetreten sei, welche die Rahmenbedingungen für den Automarkt verbessere.[288] Zugleich wird hervorgehoben, daß die lineare Besteuerung sachgerecht sei. Es werden 1.5 Punkte vergeben.[289]

Im Bereich Governance darf sich die Bundesregierung 1.1 Punkte dafür gutschreiben, daß durch die Verlagerung der Ertragshoheit der Kfz-Steuer auf den Bund nunmehr Ertragshoheit, Regelungs- und Verwaltungskompetenz in einer Hand lägen.[290]

Hinsichtlich der Steuer- und Finanzpolitik, sowie der Governance orientiert sich das 11. Merkelmeter wieder konsequent an den eigenen Vorgaben. Die Finanzkrise wird nur im Bereich der Arbeitsmarktpolitik zur Begründung einer Abweichung herangezogen, während sie in allen anderen Bereichen für die Bewertung allenfalls erwogen wird, aber ansonsten keine Rolle spielt.

5.2.2.2.   *Das zehnte »Merkelmeter«*

Im zehnten Merkelmeter mußte die Bundesregierung Punktabzüge in den Bereichen Arbeitsmarktpolitik und Sozialpolitik hinnehmen, bekam im Bereich Steuer- und Finanzpolitik Pluspunkte und blieb unverändert im Bereich Governance.[291] Konkret gab es Punktabzüge für die Novelle des Arbeitnehmer-Entsendegesetzes, für die außerplanmäßige Rentenerhöhung und für die »63er-Regelung« Pluspunkte gab es für den »Wohn-Riester« und den Bundeshaushalt 2009.[292] Für die weiteren Maßnahmen, die bewertet wurden, gab es jeweils 0.0 Punkte.

Wesentlich in diesem zehnten »Merkelmeter« sind die Begründungen zum Arbeitnehmer-Entsendegesetz, bei der es vor allem um den Aspekt des Mindestlohns geht, sowie die Kritik an der außerplanmäßigen Rentenerhöhung.

---

[287] vgl. ebd.

[288] vgl. ebd.: S. 25

[289] vgl. ebd.

[290] vgl. ebd.: S. 29

[291] vgl. Scharnagel, Benjamin: Blauer Brief für die Bundesregierung – noch ein Jahr Zeit zum Nachsitzen. S. 7

[292] vgl. ebd.

Hinsichtlich des Aspektes von Mindestlöhnen wird darauf verwiesen, daß bereits im 8. »Merkelmeter« die Regierung diesbezüglich einen Punktabzug von 7.8 hinnehmen mußte.[293] Zentrale Kritik wird hier seitens der INSM daran geübt, daß unklar sei, worauf sich die Mindestlöhne bezögen, daß für allgemeinverbindlich erklärte Mindestlöhne sich »Art der Tätigkeit, Qualifikation der Arbeitnehmer und Regionen«[294] unterscheiden können, und daß auch Bundesregierung und Landesregierungen gegenüber dem Hauptausschuß, der über die Einführung von Mindestlöhnen entscheiden soll, Vorschläge machen dürfen.[295]

Hinsichtlich der Kriterien für den Arbeitsmarkt, die dem »Merkelmeter« zugrunde liegen, läßt sich die Kritik am Mindestlohn nicht einordnen, beklagt wird indes in der Begründung für den Abzug von vier weiteren Punkten, die zu den obengenannten, bereits abgezogenen 7.8 Punkten hinzukommen, daß die Berücksichtigung von Qualifikation und Art der Tätigkeit zu Lohngittern führen, die den betrieblichen Bedürfnissen nach Flexibilität widersprächen.[296] Hier argumentiert die INSM offensichtlich stärker nach ihren ordnungspolitischen Vorstellungen als nach den in der Methodik genannten Kriterien, was indes durchaus in der Systematik des Merkelmeters liegt. Denn in der Beschreibung der Methodik wird darauf verwiesen, daß die Studie auf volkswirtschaftlichen Theorien beruhe, die »im Einzelfall durch ordnungspolitische Bewertungen ergänzt«[297] wird.

Hinsichtlich der Kritik an der außerplanmäßigen Rentenerhöhung bleibt die INSM im Rahmen ihrer eigenen Kriterien, nämlich der Forderung, daß die Ausgaben je Versicherten zu sinken hätten.[298] Beklagt wird darüber hinaus, daß sich die geplante Senkung des Beitragssatzes verzögere.[299] Darüber hinaus wird kritisiert, daß die Regierung am Umlagesystem festhalte statt stärker auf Kapitaldeckung und Ablösung der Finanzierung vom Arbeitsverhältnis zu

---

[293] vgl. ebd.: S. 9

[294] ebd.: S. 10

[295] vgl. ebd.

[296] vgl. ebd. S. 11

[297] http://www.insm-merkelmeter.de/files/pdf/Merkelmeter_Methodik.pdf (25.07.2009): S. 2

[298] vgl. http://www.insm-merkelmeter.de/files/pdf/Merkelmeter_Methodik.pdf (25.07.2009): S. 9

[299] vgl. Scharnagel, Benjamin: Blauer Brief für die Bundesregierung – noch ein Jahr Zeit zum Nachsitzen. S. 22

setzen.[300] In diesem Zusammenhang folgerichtig begrüßt die INSM dann auch die Einbeziehung von selbstgenutzten Wohneigentum in die staatlich geförderte private Altersvorsorge.[301]

5.2.2.3. *Das neunte »Merkelmeter«*

Das neunte »Merkelmeter« steht unter der Überschrift »Rolle rückwärts in Berlin«.[302] In diesem Merkelmeter dominieren Punktabzüge insbesondere im Bereich der Arbeitsmarktpolitik. Punktabzüge mußte die Regierung hinnehmen für die Verlängerung der Bezugsdauer des Arbeitslosengeldes I für bestimmte Altersgruppen, für die Einführung des »Kommunal-Kombi« sowie im Bereich Steuer- und Finanzpolitik für Reform der Erbschaftssteuer und das Jahressteuergesetz 2008.[303] Pluspunkte vergab die INSM für den Ausbau der Kleinkindbetreuung, für die Senkung des Beitrags zur Arbeitslosenversicherung und für den gesamtstaatlichen Finanzierungssaldo 2007.[304]

Den höchsten Einzelpunktabzug vergab die INSM für die Verlängerung des Arbeitslosengeldes I in Stufen für über 50jährige. Dies steht auch im Einklang mit den Kriterien des »Merkelmeters« zur Arbeitsmarktpolitik, konkret der Forderung nach Reduktion der Bezugsdauer von Lohnersatzleistungen.[305]

Die INSM betrachtet die Verlängerung der Bezugszeiten von Arbeitslosengeld I für Ältere als eine versicherungsfremde Leistung, weil die Arbeitslosenversicherung nicht wie die Rentenversicherung ein Sparvertrag sei, sondern der Versicherungsschutz unabhängig davon bestehe, ob der Schadensfall eintrete oder nicht.[306] Zudem werde der Anreiz reduziert, sich schneller um eine neue Anstellung zu bemühen. Die Neuregelung konterkariere die Bemühungen, ältere Arbeitnehmer länger im Berufsleben zu halten.[307] »Die längere Bezugsdauer verschlechtert die Bedingungen für mehr Beschäftigung sowohl von der Angebotsseite (Arbeit-

---

[300] vgl. ebd.: S. 23
[301] vgl. ebd.: S. 28
[302] vgl. Scharnagel, Benjamin: Rolle rückwärts in Berlin.
[303] vgl. ebd.: S. 6
[304] vgl. ebd.
[305]   vgl.   http://www.insm-merkelmeter.de/files/pdf/Merkelmeter_Methodik.pdf (25.07.2009): S. 8
[306] vgl. Scharnagel, Benjamin: Rolle rückwärts in Berlin. S. 8
[307] vgl. ebd.

nehmer) als auch von der Nachfrageseite (Unternehmen)«.[308]
Hinsichtlich des Kommunal-Kombis kritisiert die INSM, daß die Bundesregierung »auf eine weitere milliardenschwere Lobsubvention [setze], um Beschäftigung außerhalb des regulären Arbeitsmarktes zu fördern«.[309]
Hinsichtlich des Ausbaus der Kinderbetreuung gibt es Pluspunkte für die Bundesregierung, denn durch den Ausbau von Krippenplätzen erhöhe sich die Möglichkeit für Mütter und Väter, Beruf und Familie zu vereinbaren: »Dadurch kann das vorhandene Humankapital effektiver am Arbeitsmarkt eingesetzt werden«.[310]
Indes läßt sich in den Ausführungen zum neunten »Merkelmeter« deutlich die Zielsetzung erkennen, möglichst viele »Anbieter« (Arbeitnehmer) auf dem Arbeitsmarkt zu halten. Entlang der angebotsorientierten Ideologie ist dies aus Sicht des Auftraggebers der INSM, nämlich die Arbeitgeberverbände der Metall- und Elektroindustrie, folgerichtig, denn ist das Angebot von Arbeitskräften auf dem Arbeitsmarkt höher als die Nachfrage, sinken die Preise, sprich: die Löhne. Insofern sind auch länger andauernde Sozial- beziehungsweise Lohnersatzleistungen zu unterlassen, denn die verzerrten den (Arbeits-)Markt und verringerten den Anreiz, Arbeit am Markt aufzunehmen.[311] Im neunten Merkelmeter findet sich somit ein deutlicher Hinweis auf die Feststellung Winand Gellners, daß interessengebundene Ideenagenturen, wie es das Institut der deutschen Wirtschaft ist, »Forschung v.a. zur Munitionierung strategischer Ziele der jeweiligen Klientel anbieten«.[312] Hierauf soll im weiter unten noch gesondert eingegangen werden.
Die positive Bewertung der Beitragssenkung bei der Arbeitslosenversicherung ist eine Grundforderung aus dem Kriterienkatalog zum Merkelmeter.[313]
Deutliche Kritik ebenfalls entlang der gesetzten Kriterien folgt seitens der INSM an der Reform der Erbschaftssteuer, die nach Vorstellung der INSM komplett hätte auslaufen sollen.[314] Im elften

---

[308] Scharnagel, Benjamin: Rolle rückwärts in Berlin. S. 8
[309] Scharnagel, Benjamin: Rolle rückwärts in Berlin. S. 10
[310] ebd.: S. 11
[311] vgl. Hickel, Rudolf 2006: Kassensturz. S. 179f
[312] Gellner, Winand: Ideenagenturen für Politik und Öffentlichkeit. S. 36
[313] vgl. http://www.insm-merkelmeter.de/files/pdf/Merkelmeter_Methodik.pdf (25.07.2009): S. 9
[314] vgl. Scharnagel, Benjamin: Rolle rückwärts in Berlin. S. 4

Merkelmeter wird diese Forderung erneuert und als Alternative gefordert, daß die Erbschaftssteuer in die Verantwortung der Bundesländer gestellt würde, die dann jeweils über die Gestaltung der Steuer oder deren Abschaffung im Rahmen der Stärkung eines »Wettbewerbsföderalismus« hätten entscheiden können.[315]

5.2.3.   *Zusammenfassende Feststellungen*

Die Darstellung der Methoden des »Merkelmeters« und der Ergebnisse aus drei »Merkelmetern« verdeutlichen die Probleme, die in diesem »wissenschaftlichen Leistungszeugnis der Bundesregierung«[316] stecken. Die wesentlichen Grundannahmen und Kriterien, insbesondere die Herleitung der Prozentpunktevergabe für die einzelnen bewerteten Gesetze, gehen aus der Darstellung der Ergebnisse nicht hervor. Die Vergabe der Punkte ist völlig intransparent und wird auch in den Ausführungen zur Methodik nicht dargelegt.[317] Dennoch werden diese Punkte gar mit einer Nachkommastelle den einzelnen Maßnahmen zugeteilt.

Auch die Basis für die Bewertung ist für den Betrachter, der nur das Ergebnis sieht, nicht unmittelbar erkennbar. Zwar wird auf »Vision Deutschland«, ein programmatischer Entwurf, der vom Institut der deutschen Wirtschaft für die INSM erstellt wurde, verwiesen. »Das Buch »Vision Deutschland« ist aber nicht für die breite Bevölkerung geschrieben, dazu ist der Jargon der Wirtschaftswissenschaftler zu hermetisch«.[318]

Bereits in den Kategorien für das »Merkelmeter« wird eine umfangreiche Entlastung der Unternehmensseite gefordert, eine Stärkung der betrieblichen Ebene und ein Rückbau von Transferleistungen, um so die Menschen darauf zu verweisen, ihr Einkommen am Markt zu erwerben.[319] Dies steht im Einklang mit dem Auftrag der INSM, für Reformen im Sinne der Arbeitgeberverbände zu werben und das Image von Unternehmern und Unternehmen zu

---

[315] vgl. Scharnagel, Benjamin 2009: Konjunkturpakete – Mit dem Zweiten hilft man besser! S. 27

[316] http://www.insm-merkelmeter.de/ (19.07.2009).

[317]   vgl.   http://www.insm-merkelmeter.de/files/pdf/Merkelmeter_Methodik.pdf (25.07.2009)

[318] Speth, Rudolf: Die zweite Welle der Wirtschaftskampagnen. S. 14

[319]   vgl.   http://www.insm-merkelmeter.de/files/pdf/Merkelmeter_Methodik.pdf (25.07.2009): S. 8ff

verbessern.[320]

Das »Merkelmeter« wird in Kooperation mit der WirtschaftsWoche durchgeführt. Welchen Anteil die WirtschaftsWoche an der konkreten Gestaltung hat, läßt sich von der Internet-Seite des »Merkelmeters« nicht ablesen. Sichtbar ist, daß das Merkelmeter von Ökonomen des Instituts der deutschen Wirtschaft in Köln erstellt wird.[321]

In Anlehnung an Winand Gellner sei an dieser Stelle noch einmal darauf verwiesen, daß das Institut der deutschen Wirtschaft (IW) als interessengebundene Ideenagentur einzuordnen ist.[322] Entsprechend seines Mission Statements vertritt das IW eine klare marktwirtschaftliche Position und möchte mit seinen Erkenntnissen Ideen anstoßen.[323] Anders ausgedrückt: »das IW wählt wissenschaftliche Ergebnisse unter dem Gesichtspunkt ihrer Nützlichkeit für eigene Tendenzkoalition [sic!] aus und versucht, sie in die öffentliche Arena einzuschleusen«.[324] Die Gesamtausrichtung des Merkelmeters in den Methoden und die Ausführungen in den Einzelergebnissen bestätigen Gellners Beobachtungen zur Vorgehensweise des IW und damit auch hinsichtlich der INSM, die die Auftraggeberin dieser Studie ist.

---

[320] vgl. Speth, Rudolf: Die politischen Strategien der Initiative Neue Soziale Marktwirtschaft. S. 7f

[321] vgl. http://www.insm-merkelmeter.de/ (19.07.2009).

[322] vgl. Gellner, Winand: Ideenagenturen für Politik und Öffentlichkeit. S. 202ff

[323] vgl. http://www.iwkoeln.de/tabid/190/default.aspx (22.07.2009)

[324] Gellner, Winand: Ideenagenturen für Politik und Öffentlichkeit. S. 203

6. INSM – Think Tank oder Lobbygruppe?

Im folgenden Kapitel soll nun untersucht werden, welche Beobachtungen in Bezug auf die INSM dafür sprechen, daß es sich bei der Initiative um einen Think Tank, beziehungsweise eine Ideenagentur[325] handelt, oder um eine Lobbygruppe. Diese Aspekte werden zunächst getrennt sortiert und anschließend zu einer abschließenden Schlußfolgerung zusammengefaßt werden.

6.1. Die INSM als (advokatorischer) Think Tank

Wenn die Initiative Neue Soziale Marktwirtschaft als Think Tank betrachtet wird, dann wäre der Frage nachzugehen, zu welcher Familie von Think Tanks sie zu rechnen wäre. Hier sollen die Kategorien zur Anwendung kommen, aufgrund derer Josef Braml die Think Tanks in seiner Studie zugeordnet hat, also die Familien der politisch/ideologisch identifizierbaren und der politisch/ideologisch nicht identifizierbaren Think Tanks,[326] welche vergleichbar wären mit den »wahren« Think Tanks und den »politischen« Think Tanks nach Winand Gellner, wobei er letztere als »politische Ideenagentur« bezeichnet.[327]

Ein Blick auf das Leitbild der INSM hilft bei der Beantwortung dieser Frage: Im Rahmen des Leitbild erklärt die Initiative, daß sie sich als ein kommunikativer Think Tank betrachtet, der sich die Erneuerung der Sozialen Marktwirtschaft im Sinne Ludwig Erhards verpflichtet sieht.[328] In diesem Sinne hält die Initiative »die konsequente und konsistente wettbewerbliche Ausrichtung unserer Wirtschafts- und Sozialordnung für erforderlich, um in Deutschland dauerhaft mehr Wachstum und neue Arbeitsplätze zu schaffen«.[329]

Zudem betont die Initiative deutlich, daß sie wirtschafts- und sozialpolitische Debatten substantiell kommunikativ beeinflussen und die Reformbereitschaft in Politik und Gesellschaft fördern will.[330]

Mit einer klaren Mission ausgestattet läßt sich also die Initiative

---

[325] Gellner, Winand: Ideenagenturen für Politik und Öffentlichkeit.

[326] vgl. Braml, Josef: Think Tanks versus »Denkfabriken«? S. 533

[327] vgl. Gellner, Winand: Ideenagenturen für Politik und Öffentlichkeit. S. 18

[328]   vgl.   http://www.insm.de/insm/ueber-die-insm/Leitbild-der-INSM.html (08.07.2009)

[329] http://www.insm.de/insm/ueber-die-insm/Leitbild-der-INSM.html (08.07.2009)

[330] vgl. ebd.

Neue Soziale Marktwirtschaft den advokatorischen Think Tanks, beziehungsweise den interessengebundenen Ideenagenturen zu-ordnen.

Nach dieser Verortung soll nun der Blick auf die Methoden der INSM geworfen werden, um festzustellen, ob es sich dabei um Vorgehensweisen handelt, die in der Literatur gängigerweise jenen der Think Tanks, beziehungsweise Ideenagenturen zugeordnet werden.

Zunächst soll ein Blick auf die Botschafter geworfen werden, die für die INSM tätig sind, und die über lange Zeit als Ausweis der Überparteilichkeit der Initiative hergezeigt wurden. Hier kommen sogleich mehrere Aspekte in den Blick: Zum einen die Netzwerk-bildung, zum anderen die Betonung von Unabhängigkeit und Überparteilichkeit.

Sowohl Braml als auch Gellner betonen die Netzwerkbildung als Funktion von Think Tanks beziehungsweise Ideenagenturen.[331] Auch das System der Botschafter wird erwähnt, nämlich in dem Think Tanks ihre Botschafter für ihre Expertisen rekrutieren, aus-bilden und in die politische Welt entsenden.[332] Zu betrachten wä-ren die Botschafter auch unter dem Aspekt der Netzwerkbildung, denn durch die Einbeziehung von Botschaftern aus Wissenschaft und Politik unterstreicht die INSM nicht nur ihre Überparteilich-keit und ihre Anbindung an die wissenschaftliche Gemeinschaft, sondern bildet auch Netzwerke in andere Organisationen.

Zugleich ist das System der Botschafter für die INSM auch ein Weg, wissenschaftliche Studien zur Verfügung zu bekommen, denn ein Teil der Untersuchungen, mit denen die INSM an die Öffentlichkeit tritt, ist durch eigene Botschafter erstellt wie im Fall des INSM-Beraters Bernd Raffelhüschen, der unter anderem eine Studie zum Verbot von Rentenkürzungen im Auftrag der Initiative erstellt hat.[333] Auch diese Vorgehensweise findet sich in den Aus-führungen zu den advokatorischen Think Tanks bei Braml wieder, der betont, daß gerade advokatorische Institute dazu neigen, ihre wissenschaftlichen Studien zu synthetisieren und Aufträge von

---

[331] vgl. Braml, Josef: Think Tanks versus »Denkfabriken«? S. 556 und Gellner, Winand: Ideenagenturen für Politik und Öffentlichkeit. S. 33
[332] vgl. Braml, Josef: Think Tanks versus »Denkfabriken«? S. 556
[333] vgl. http://www.insm.de/insm/Aktionen/INSM-Studien/Rentenbeitr-ge-steigen.html (04.08.2009)

Wissenschaftlern außerhalb des eigenen Instituts anfertigen zu lassen.[334] Somit deutet das System der Botschafter durchaus auf ein Verhalten hin, welches auch bei advokatorischen Think Tanks zu beobachten ist.

Studien werden jedoch auch durch das Institut der deutschen Wirtschaft erstellt, wiederum eine externe Auftragsvergabe, von der gerade festgestellt wurde, daß sie für advokatorische Think Tanks typisch ist.

Ein weiteres wesentliches Merkmal der INSM ist die Kooperation mit den Medien. Die Initiative sucht einen engen Kontakt zu Medien, der in Form von Medienkooperationen zum Ausdruck kommt. Kontakt zu den Medien der eigenen Tendenzkoalitionen ist auch nach Gellner typisch für Ideenagenturen. Die eigene Tendenzkoalition wird mit wissenschaftlich fundierten Argumenten für die eigene Sache munitioniert.[335]

Zudem werden die Kampagnen der INSM stets nach Möglichkeit aufeinander abgestimmt, und so ein orchestriertes Vorgehen erzeugt.[336] Dies kennzeichnet auch die Ideenagenturen: »Ereignismanagement durch sorgfältig orchestrierte Themenkampagnen heißt das auf die allgemeine Öffentlichkeit gerichtete Ziel der Ideenagenturen«.[337]

Braml konstatiert, daß für advokatorische Think Tanks die eigene Sichtbarkeit in den Medien wichtig ist: zum einen um die Ideen an die Öffentlichkeit zu transportieren (Agenda-Setting) und zum anderen sichtbar zu sein für mögliche Sponsoren.[338] Darüber, daß die INSM auch Agenda-Setting betreiben will, läßt sie, wie oben bereits hervorgehoben, in ihrem Leitbild keinen Zweifel.[339] Mit ihren Anzeigenkampagnen will die INSM nicht nur Themen setzen sondern sich auch als Initiative ins Gespräch bringen.[340] Auf der anderen Seite lassen die Berichte über die Versuche, Druck auf

---

[334] vgl. Braml, Josef: Think Tanks versus »Denkfabriken«? S. 605

[335] vgl. Gellner, Winand: Ideenagenturen für Politik und Öffentlichkeit. S. 26

[336] vgl. Speth, Rudolf: Die politischen Strategien der Initiative Neue Soziale Marktwirtschaft. S. 23

[337] Gellner, Winand: Ideenagenturen für Politik und Öffentlichkeit. S. 43

[338] vgl. Braml, Josef: Think Tanks versus »Denkfabriken«? S. 582

[339] vgl. http://www.insm.de/insm/ueber-die-insm/Leitbild-der-INSM.html (08.07.2009)

[340] vgl. Speth, Rudolf: Die politischen Strategien der Initiative Neue Soziale Marktwirtschaft. 22f

kritische Journalisten auszuüben,[341] darauf schließen, daß die INSM als Einrichtung zumindest nicht kritisch in der Öffentlichkeit diskutiert werden möchte.

Im Hinblick auf die Studien, die sie in Auftrag gibt, erhebt die INSM Anspruch auf Wissenschaftlichkeit. Diese wird zum einen gewährleistet durch die Botschafter, sofern Studien und Konzepte bei diesen in Auftrag gegeben werden, zum anderen durch die Beauftragung von Forschungsinstituten, zumeist das Institut der deutschen Wirtschaft, welcher eindeutig als advokatorischer Think Tank, beziehungsweise als interessengebundene Ideenagentur der Arbeitgeberverbände in der Literatur verortet wird.[342] Der Aspekt der Wissenschaftlichkeit spielt insbesondere in Deutschland eine wesentliche Rolle und ist hier besonders Quell für Glaubwürdigkeit und Seriosität.[343] Insofern richten auch advokatorische Think Tanks daran aus, ihren Studien den Anstrich der Wissenschaftlichkeit zu geben.[344]

Die INSM betont auch oftmals ihre Unabhängigkeit, wenngleich sie hier durch die fast ausschließliche Finanzierung der Arbeitgeberverbände der Metall- und Elektroindustrie ein massives Glaubwürdigkeitsproblem hat, welches sie 2005 durch die Gründung eines Fördervereins zu reparieren versuchte.[345] Auch dies entspricht insbesondere dem Verhalten amerikanischer advokatorischer Think Tanks, die nach Möglichkeit ihre Finanzquellen zu diversifizieren versuchen, um ihre Unabhängigkeit deutlich zu machen.[346]

Ein weiteres Merkmal advokatorischer Think Tanks ist die Konzentration auf politiknahe, praxisrelevante Forschung, die eher auf die kurzfristigere Politikagenda zielt.[347] Hier wird es durchaus schwieriger, die Gemeinsamkeit zu finden, denn die Arbeit der

---

[341] vgl. Krauss, Dietrich: Umarmung der Medien und Druck auf kritische Journalisten, Otte, Nicole: Die Medien einschüchtern. , Otte, Nicole: Kritiken häufen sich. Lobbygruppe INSM bedrängt Journalisten.

[342] vgl. Braml, Josef: Think Tanks versus »Denkfabriken«? S. 588f, Gellner, Winand: Ideenagenturen für Politik und Öffentlichkeit. S. 202f, Thunert, Martin: Think Tanks in Deutschland - Berater der Politik? S. 31f, Speth, Rudolf: Advokatorische Think Tanks und die Politisierung des Marktplatzes der Ideen, S 11f

[343] vgl. Braml, Josef: Think Tanks versus »Denkfabriken«? S. 569

[344] vgl. Thunert, Martin: Think Tanks in Deutschland - Berater der Politik? S. 32

[345] vgl. Speth, Rudolf: Die zweite Welle der Wirtschaftskampagnen. S. 11

[346] vgl. Braml, Josef: Think Tanks versus »Denkfabriken«? S. 594

[347] vgl. ebd. S. 608

INSM zielt in erster Linie nicht auf den politischen Prozeß, sondern auf Multiplikatoren, die vor allem die Öffentlichkeit beeinflussen sollen.[348] Über diesen Umweg versucht die INSM, die politische Agenda zu beeinflussen. Dieses Verhalten erinnert stärker an amerikanische Think Tanks, denn der Zugang zur Politikberatung über die Öffentlichkeit ist in Deutschland eher weniger ausgeprägt.[349]

Quer zur Einschätzung, daß es sich bei der INSM um einen Think Tank oder eine Ideenagentur handeln könnte, steht die engere Organisation der Initiative: Dem engeren Kreis der Mitarbeiter gehören Webeleute und PR-Experten an. Der Auftritt wird gestaltet durch eine Werbeagentur und deren Tochterunternehmen. Gesteuert wird die Initiative durch die PR-Agentur berolino.pr GmbH, die inzwischen in INSM-Initiative Neue Soziale Marktwirtschaft GmbH umbenannt wurde. Somit arbeiten in der Initiative selbst keine Wissenschaftler. Stattdessen kommen die wissenschaftlichen Studien und Entwürfe komplett von außen. In dieser Sicht läßt sich sagen, daß sich die Initiative wie ein advokatorischer Think Tank, respektive eine interessengebundene Ideenagentur verhält, sich dabei stark an dem Verhalten der amerikanischen Vertreter dieser Spezies orientiert, ohne selbst ein originärer Think Tank zu sein.

6.2. Die INSM als Lobbygruppe

In verschiedenen Beiträgen wird die INSM nicht als Think Tank sondern als Lobbygruppe betrachtet. So stellt Hajo Schumacher fest: »Weil Deutschlands Metallarbeitgeber die Löhne als zu hoch und den Kündigungsschutz als zu lästig betrachten, haben sie dieses Maximal-Lobbying [die INSM, U.E.] erfunden.«.[350] Auch Gammelin/Hamann bezeichnen die INSM in ihrem Buch »Die Strippenzieher« als »eine der modernsten Lobbyorganisationen des Landes«[351] und halten die Einordnung der INSM als Lobbygruppe in dem Kapitel des Buches über die INSM durch.

Die Hinweise darauf, daß es sich bei der INSM um eine Lobby-

---

[348] vgl. Speth, Rudolf: Die politischen Strategien der Initiative Neue Soziale Marktwirtschaft. S. 26

[349] vgl. Braml, Josef: Think Tanks versus »Denkfabriken«? S. 568

[350] Schumacher, Hajo: »Die ewig netten Herren«. S. 85

[351] Gammelin, Cerstin und Götz Hamann: Die Strippenzieher. S. 133

gruppe handelt, sind indes deutlich seltener gestreut als im Hinblick auf die Frage, ob sich die INSM wie ein Think Tank verhält. Daß die INSM auch immer wieder als Lobbygruppe bezeichnet wird, könnte auch auf die Unschärfe zurückgeführt werden, mit der der Lobby-Begriff in der Öffentlichkeit auch auf denkbare Fälle der Beeinflussung von Politik angewendet wird, die eigentlich nicht dem Lobbyismus zuzuordnen sind.[352]

Lobbying, so wurde oben festgestellt, zielt auf konkrete Gesetze ab. Hierbei sollen die Entscheider auf *informellen Wegen* hinsichtlich der Interessen des Lobbyisten, beziehungsweise dessen Auftraggeber beeinflußt werden.[353]

Nun zielt die INSM in der Tat auch auf konkrete Gesetzgebung ab, wenn sie zum Beispiel erreichen möchte, daß die Sozialversicherungen auf Privatvorsorge umgestellt werden sollen, oder wenn der Staat bürokratische Regeln für die Unternehmen abbauen soll. Jedoch fehlt hier in den Bemühungen der INSM ein wesentliches Merkmal des Lobbyismus: Die INSM zielt auf eine Bewußtseinsveränderung in der Öffentlichkeit und nicht direkt auf die Entscheider in den Ministerien oder den Parlamenten. Der Versuch, auf informellen Wegen Einfluß auf die Gesetzgebung zu nehmen, was ein Merkmal des Lobbyismus ist, ist bei der INSM nicht festzustellen. Insofern spricht dieser Umstand ganz wesentlich gegen die Annahme, daß es sich bei der INSM um eine Lobbygruppe handelt.

Entlang der Argumentation von Leif und Speth soll zwischen Lobbyismus und Interessenvertretung getrennt werden.[354] Interessenvertretung ist danach »die unspezifische Repräsentation von Interessen im politischen Raum, wobei hier Interessenvertretung auch die Darstellung der Werte, Ideologien und der Interessengruppe gegenüber der Gesellschaft und der politischen Öffentlichkeit umfasst«.[355] In diesem Sinne läßt sich die INSM als eine Einrichtung der Interessenvertretung betrachten. Dies allerdings ist auch hinsichtlich der Zugehörigkeit der INSM als interessenge-

---

[352] vgl. Leif, Thomas und Rudolf Speth: Die fünfte Gewalt – Anatomie des Lobbyismus in Deutschland. S. 26f
[353] vgl. ebd.: S. 15
[354] vgl. Leif, Thomas und Rudolf Speth: Die fünfte Gewalt – Anatomie des Lobbyismus in Deutschland. S. 13f
[355] Leif, Thomas und Rudolf Speth: Die fünfte Gewalt – Anatomie des Lobbyismus in Deutschland. S. 13f

bundene Ideenagentur zu einer Tendenzkoalition denkbar und läßt nicht die Schlußfolgerung zu, daß es sich bei der INSM um eine Lobbygruppe handelt.

In diesem Sinne läßt sich auch die Zielsetzung der INSM bewerten, zum Beispiel auf die Gestaltung der Pflegeversicherung Einfluß zu nehmen. Dies geschieht vor allem durch Werbung für ihre Ziele in der Öffentlichkeit statt durch direkte Einflußnahme auf die Entscheider und ist damit der Interessenvertretung zuzuordnen.

Ein weiteres Argument könnte lauten, daß die INSM durch den Arbeitgeberverband der Metall- und Elektroindustrie gegründet wurde. Wenn hier auch oft von »Verbandslobbying« gesprochen wird, so ist doch in der Regel wiederum Interessenvertretung gemeint.[356] Verbände betreiben zuweilen auch Lobbyismus, jedoch gilt für diesen wiederum was oben festgestellt wurde: Lobbyismus ist Projektbezogen und zielt auf die direkte Beeinflussung der Entscheider im Gesetzgebungsverfahren.

Grundsätzlich läßt sich damit feststellen, daß die Bezeichnung der INSM als Lobbygruppe tatsächlich auf eine unscharfe Verwendung dieses Begriffes zurückzuführen ist, denn originäre Lobbytätigkeit läßt sich der INSM nicht zuordnen.

6.3. Neoliberalismus als Leitidee der INSM?

Im Zusammenhang mit der Initiative Neue Soziale Marktwirtschaft wird oft deren neoliberaler Charakter betont. Ausgehend davon, daß die INSM als interessengebundene Ideenagentur betrachtet werden kann, soll hier nun ein Blick auf die Ausrichtung der Initiative geworfen werden.

Die INSM hat sich in ihrer Geschichte mit ihrem Bekenntnis zum Neoliberalismus schwer getan, weil dieser Begriff in Deutschland eher negativ belegt ist.[357] Michael Hüther, Kurator der INSM und Direktor des Präsidiums des Instituts der deutschen Wirtschaft, bemüht sich in einem Beitrag für das Handelsblatt um eine positive Belegung des Begriffs des Neoliberalismus und bekennt: »Ich bin ein Neoliberaler!«.[358]

---

[356] vgl. Leif, Thomas und Rudolf Speth: Die fünfte Gewalt – Anatomie des Lobbyismus in Deutschland. S. 14

[357] vgl. http://www.netzeitung.de/wirtschaft/wirtschaftspolitik/391542.html (03.08.2009)

[358] (http://www.insm.de/insm/Presse/Presseresonanz/INSM-Botschafter-Michael-

Die INSM vermeidet indes den Begriff des Neoliberalismus und beruft sich vor allem auf das Konzept der »Sozialen Marktwirtschaft«, welches in seinem Ursprung dem Neoliberalismus zuzuordnen ist.[359] Betrachtet man die Forderungen der INSM, so zeigt sich hier recht deutlich, daß es sich um das neoliberale Programm handelt, welches in anderen Ländern bereits teilweise umgesetzt wurde.[360]

Zu den wesentlichen Forderungen der INSM gehören, wie in dieser Arbeit gezeigt, die Reduzierung des Staates auf seine »Kernaufgaben«, die Privatisierung sozialer Risiken und die Flexibilisierung in der Tarifpolitik.[361] Das bedeutet, daß die Steuerung der Gesellschaft weniger durch den Staat und mehr durch den Markt erfolgt.

Zu den Vordenkern des Neoliberalismus zählt unter anderem auch Friedrich August von Hayek, der die angloamerikanische Linie des Neoliberalismus mitbegründete.[362] An dieser Stelle soll nun nicht die ganze Entwicklung des Neoliberalismus beschrieben sondern nur einige Hinweise zu dessen Schwerpunkten gegeben werden, die im Hinblick auf die Ausrichtung der INSM am neoliberalen Modell interessant sind.[363]

Zu den wesentlichen Grundannahmen des Neoliberalismus zählt, daß sich der Staat aus der Gestaltung der Märkte herauszuhalten habe, und er stattdessen nur die Sicherung von Märkten bewerkstelligen darf.[364] Weil der Neoliberalismus sich nicht nur auf die Wirtschaft bezieht sondern die gesamte Gesellschaft im Blick hat, wird marktförmiges Verhalten nicht nur für den Bereich der Wirtschaftsbeziehungen anempfohlen.[365] Hier findet sich auch die Forderung der INSM nach »wettbewerbliche[r] Ausrichtung unserer Wirtschafts- und Sozialordnung«.[366] Hierzu gehört auch die Ausrichtung der staatlichen Institutionen am Wettbewerb, die sich

---

Huether-Wer-hat-Angst-vor-den-Neoliberalen.html (26.07.2009)

[359] vgl. Ptak, Ralf: Grundlagen des Neoliberalismus. S. 14

[360] vgl. Speth, Rudolf: Die politischen Strategien der Initiative Neue Soziale Marktwirtschaft. S. 37

[361] vgl. http://www.insm.de/insm/ueber-die-insm/Ziele-der-Initiative.html (08.07.2009)

[362] vgl. Ptak, Ralf: Grundlagen des Neoliberalismus. S. 21f

[363] Zur Entwicklung des Neoliberalismus siehe u.a. Ptak 2008.

[364] vgl. Ptak, Ralf: Grundlagen des Neoliberalismus. S. 33

[365] vgl. ebd. S. 30)

[366] (http://www.insm.de/insm/ueber-die-insm/Leitbild-der-INSM.html (08.07.2009)

zum Beispiel in der Forderung nach einem Wettbewerbsföderalismus durch die INSM zum Beispiel bei der Bewertung der Erbschaftssteuer im Rahmen des Merkelmeters wiederfindet.[367]

Die Forderung nach einem Wettbewerbsföderalismus findet sich auch im Statement vom Mai 2009 der Gesellschaft für Politikberatung e.V. – Hayek-Kreis,[368] einer Einrichtung, die den Anspruch hat, im Geiste des neoliberalen Vordenkers Friedrich August von Hayek zu handeln.[369] Ein wettbewerblicher Föderalismus und der Systemwettbewerb zwischen Staaten werden als Mittel betrachtet, der Aushöhlung der Sozialen Marktwirtschaft entgegenzuwirken.[370]

Im Rahmen einer »Marktutopie«[371] wird davon ausgegangen, daß gerade der Wohlfahrtsstaat nicht in der Lage ist, das Problem der Massenarbeitslosigkeit zu lösen, denn durch den Umstand, daß die Menschen Anspruch auf Sozialleistungen oder auf das Niveau zumutbarer Arbeit hätten, würde verhindert, daß neue Arbeit entsteht.[372] In dieser Weise argumentiert auch die INSM, wenn sie sich zum Beispiel in ihrer Methodenbeschreibung zum Merkelmeter dafür einsetzt, daß die Bezugsdauer von Lohnersatzleistungen gesenkt wird.[373]

Ein weiterer Faktor ist die Betonung von Eigenverantwortung, zum Beispiel bei den Konzepten der INSM zur Reform der Krankenkassen. Hier setzt die INSM auf »Mehr Wettbewerb und Eigenverantwortung«,[374] indem es eine obligatorische Krankenversicherung eine Grundsicherung für alle gewährleisten und weitere Risiken privat abgesichert werden soll.[375] Dies entspricht einer Umsetzung eines Konzeptes regulierter Selbststeuerung.[376]

Auch die Vorgehensweise der INSM entspricht den Idealen der Verbreitung neoliberaler Ideen. Denn das neoliberale Programm

---

[367] vgl. Scharnagel, Benjamin 2009: Konjunkturpakete – Mit dem Zweiten hilft man besser! S. 27

[368] vgl. http://www.hayek-kreis.de/pdf/statements/Statement%20(05_09).pdf

[369] vgl. http://www.hayek-kreis.de/

[370] vgl. http://www.hayek-kreis.de/pdf/statements/Statement%20(05_09).pdf

[371] Willke, Helmut: Atopia.

[372] vgl. Willke, Helmut: Atopia. S. 15f

[373] vgl. http://www.insm-merkelmeter.de/files/pdf/Merkelmeter_Methodik.pdf (25.07.2009): S. 8

[374] (http://www.insm.de/insm/Themen/Soziales/INSM-Dossier-Gesundheit/Mut-zu-mehr-Wettbewerb-und-mehr-Eigenverantwortung.html (03.08.2009)

[375] vgl. ebd.

[376] vgl. Willke, Helmut: Atopia. S. 51

beinhaltete auch »die Suche nach einer politischen und institutionellen Strategie und Taktik zur Durchsetzung der Marktgesellschaft«.[377] In diesem Rahmen ist die Initiative Neue Soziale Marktwirtschaft nicht die erste Einrichtung mit der Zielsetzung, in der Öffentlichkeit für ein neoliberales Programm zu werben. Im Jahr 1953 entstand die Aktionsgemeinschaft Soziale Marktwirtschaft (ASM), die eine neoliberale Bildungseinrichtung ist, welche heute von Joachim Starbatty geleitet wird.[378] Ebenfalls in den 50er Jahren wurde der Verein »Die WAAGE« gegründet, der verschiedene aufwendige Werbekampagnen zur Sozialen Marktwirtschaft realisierte und dabei das »damals neue Instrument der *Public Relations* für zielgruppenorientierte marktwirtschaftliche Massenpropaganda einsetzte«.[379] Die WAAGE wurde indes nicht von einem Unternehmensverband gegründet sondern durch Manager, wobei allerdings Unternehmer der Chemie-Industrie den größten Teil des Budgets bereitstellten.[380] Dem entspricht die INSM mit dem Unterschied, daß sie vom Arbeitgeberverband der Metall- und Elektroindustrie getragen und nicht, wie Die WAAGE von Einzelunternehmern.

Dies fügt sich in die von Hayek vorgeschlagene Strategie des Eliten-Diskurses von oben ein.[381] Nach Hayeks Vorstellung galt es, die Intellektuellen zu vereinnahmen. Eine neoliberale Elite sollte das Programm und die entsprechenden Stichworte entwerfen, während Zwischenhändler von Ideen die Entwürfe verbreiten sollten. Mit letzteren sind Multiplikatoren gemeint wie Lehrer, Journalisten, Künstler oder Geistliche.[382]

Hierin läßt sich leicht die Vorgehensweise der INSM wiedererkennen, die zur Verbreitung ihrer Botschaften auf Medienkooperationen und damit auf Journalisten setzen, sowie über die Verbreitung von Schulmaterialien auch auf die Lehrer. Zu den Multiplikatoren zählen ebenso Sportler wie unter anderen Ulrike Nasse-Meyfarth, die Mitglied im INSM-Förderverein ist,[383] und auch an

---

[377] Ptak, Ralf: Grundlagen des Neoliberalismus. S. 73
[378] vgl. Ptak, Ralf: Grundlagen des Neoliberalismus. S. 77
[379] Ptak, Ralf: Grundlagen des Neoliberalismus. S. 77, Hervorhebung im Original
[380] vgl. Speth, Rudolf: Die politischen Strategien der Initiative Neue Soziale Marktwirtschaft. S. 14
[381] vgl. Ptak, Ralf: Grundlagen des Neoliberalismus. S. 77
[382] vgl. ebd.
[383] vgl. http://www.insm.de/insm/Community/Foerderverein/Mitglieder-des-

der Aktion »Einstieg in Arbeit« mitgewirkt hat,[384] wie auch Geistliche wie der Abtprimas des Benediktinerordens Notker Wolf, der sich in einer Anzeigenaktion der INSM zur Verfügung stellte.[385]

So läßt sich zusammenfassen, daß bei der INSM Inhalte und Strategie sich an den Vorstellungen des Neoliberalismus insbesondere nach Hayek ausrichten.

6.4. Weitere Einordnungen der INSM

Welche weiteren Einordnungen der INSM sind möglich? Über Jahre und bis heute hat die INSM den Anspruch erhoben, eine überparteiliche Reformbewegung von Bürgern, Verbänden und Unternehmen zu sein, die sich für mehr Wettbewerb und Arbeitsplätze einsetze.[386] Dies impliziert, die daß die INSM eine soziale Bewegung sei. Eine solche Einordnung entfällt indes gleich aus mehreren Gründen auf den ersten Blick: Es fehlt der INSM die für eine soziale Bewegung notwendige Basis.[387] Stattdessen wurde sie im Auftrag der Arbeitgeber der Metall- und Elektroindustrie durch eine Werbeagentur erschaffen.[388] Auch ansonsten hat sie keine Merkmale einer sozialen Bewegung, denn selbst der Förderverein, der im Sommer 2005 gegründet wurde, hat keinen Einfluß auf die Aktionen und Maßnahmen der INSM.[389]

Ernüchternd ist auch die Sichtweise des Instituts der deutschen Wirtschaft auf die INSM: »»Sie thematisieren – wir erklären«: Die Marktwirtschaft fit machen für die Zukunft will die »Initiative Neue Soziale Marktwirtschaft« – eine branchen- und parteiübergreifende Plattform für alle, die sich der Marktwirtschaft verbunden fühlen. Die Initiative koordiniert die Öffentlichkeitsarbeit der beteiligten Verbände, organisiert PR- und Medienkampagnen und liefert Argumente für Reformen.«.[390] Hier wird die INSM als nicht

---

Foerdervereins.html (08.07.2009)

[384] vgl. http://www.einstieg-in-arbeit.de/eia/Die-Kampagne/Aktionen/Huerdenlauf.html (03.08.2009)

[385] vgl. http://www.insm.de/insm/Aktionen/INSM-Anzeigen/Arbeit-ist-lebensnotwendig.html (03.08.2009)

[386] vgl. http://www.insm.de/dms/insm/textdokumente/pdf/INSM-Anzeigen/Einstieg-in-Arbeit/Einstieg%20in%20Arbeit.pdf (08.07.2009)

[387] vgl. Krauss, Dietrich: Umarmung der Medien und Druck auf kritische Journalisten. S. 109

[388] vgl. Speth, Rudolf: Die politischen Strategien der Initiative Neue Soziale Marktwirtschaft. S. 7f

[389] vgl. Speth, Rudolf: Die zweite Welle der Wirtschaftskampagnen. S. 11

[390] http://www.iwkoeln.de/Portals/0/pdf/iw_selbstdarstellung.pdf (01.08.2009): S.

mehr als eine PR-Agentur dargestellt, was sie im engeren Sinne auch ist, betrachtet man den Umstand, daß sie von berolino.pr und der Werbeagentur Scholz & Friends getragen wird.[391] Eine derartige Sichtweise scheint Intern verbreitet zu sein: Der frühere Geschäftsführer der INSM, Tasso Enzweiler, erklärte auf dem Politikkongreß in Berlin am 30. November 2005, daß die INSM ohne die Botschafter nur eine »erweiterte Pressestelle von Gesamtmetall« sei, die ihre mediale Präsenz nur unzureichend aufbauen könnte.[392]

6.5. *Was ist die INSM?*

Bevor nun die Frage diskutiert wird, was die Initiative Neue Soziale Marktwirtschaft ist, kann zunächst festgestellt werden, was sie nicht ist. Im Wesentlichen haben die Darstellung und die Untersuchung der Methoden der INSM gezeigt, daß es zumindest verfehlt erscheint, die INSM als eine Lobbygruppe zu betrachten, denn hierfür fehlt eindeutig das Merkmal der informellen Einflußnahme auf die Gesetzgebung über die Entscheider in den Ministerien und den Verwaltungen. Die Bezeichnung der INSM als eine Lobbygruppe läßt sich allenfalls mit einer unscharfen Anwendung des Begriffes des Lobbyismus erklären, der die Vertretung von Interessen beinhalten soll. Jedoch gibt es hinreichend gute Argumente, eindeutig zwischen Lobbyismus und Interessenvertretung zu trennen.

Hinsichtlich der Methodik läßt sich mit wenigen Brüchen feststellen, daß sich die Initiative Neue Soziale Marktwirtschaft an dem Verhalten amerikanischer advokatorischer Think Tanks orientiert. Läßt sich daraus nun schlußfolgern, daß die Initiative Neue Soziale Marktwirtschaft ein Think Tank ist? Zwar beschreibt Braml hinsichtlich advokatorischer Think Tanks, daß es unter ihnen auch solche gibt, die keine eigenen originären Expertisen erstellen und statt dessen nur die wissenschaftlichen Arbeiten anderer synthetisieren,[393] führt darüber hinaus aus, daß die amerikanischen advokatorischen Think Tanks »auffallend mehr Wert auf die politische

---

11

[391] vgl. Speth, Rudolf: Die politischen Strategien der Initiative Neue Soziale Marktwirtschaft. S. 23

[392] vgl. Speth, Rudolf: Die zweite Welle der Wirtschaftskampagnen. S. 14f

[393] vgl. Braml, Josef: Think Tanks versus »Denkfabriken«? S. 605

Orientierung und das Mediengeschick ihrer *wissenschaftlichen* Mitarbeiter«,[394] es sich dabei letztlich doch um wissenschaftliche Mitarbeiter handelt. Hier stellt sich nun das Unbehagen ein, welches den Betrachter beschleicht, wenn er die INSM als Think Tank bezeichnen soll: Das Personal der INSM besteht im Wesentlichen aus Werbetreibenden und PR-Schaffenden, denn den Kern der INSM bilden die Werbeagentur Scholz & Friends und die inzwischen umbenannte PR-Agentur berolino.pr GmbH.[395] Auch ihn ihrem Leitbild betont die INSM ganz wesentlich die kommunikativen Elemente Werbung, PR, Pressearbeit und Online-Kommunikation.[396] Zwar beschäftigt die INSM unter ihren freien Mitarbeitern auch Wissenschaftler,[397] das Unbehagen indes bleibt.

Ein weiterer Unterschied zu den advokatorischen Think Tanks der USA liegt darin, daß die INSM weitgehend auf eigene Sichtbarkeit mit dem Ziel, Sponsorengelder zu werben, verzichten kann. Die Finanzierung der Initiative ist durch die Arbeitgeberverbände der Metall- und Elektroindustrie gesichert. Diese haben im Jahr 2004 entschieden, die Finanzierungszusage um weitere fünf Jahre zu verlängern.[398] Eine weitere Verlängerung der Finanzierungszusagen für die INSM, wenngleich auch das Budget gestrafft werden soll, gab Gesamtmetall im Jahre 2009.[399] Möglicherweise kommt durch diese Straffung des Budgets dem Förderverein der INSM künftig eine größere Bedeutung zu.

Handelt es sich bei der INSM also um einen »Prototyp einer neuen politischen Bewegung«[400]? Gemessen an den Vorgehensweisen und den Mustern, die durch die INSM eingesetzt werden, wäre es übertrieben, hier einen neuen Typus einer politischen Bewegung zu verorten. Als neu könnte allenfalls die konsequente Anwendung der Strategien amerikanischer advokatorischer Think Tanks gewertet werden, die die INSM zum Einsatz gebracht hat. Auch diese konzentrieren sich wesentlich auf die Darstellung ihrer Ent-

---

[394] Braml, Josef: Think Tanks versus »Denkfabriken«? S. 597, Hervorhebung U.E.

[395] vgl. Speth, Rudolf: Die politischen Strategien der Initiative Neue Soziale Marktwirtschaft. S. 23

[396] vgl. http://www.insm.de/insm/ueber-die-insm/Leitbild-der-INSM.html (08.07.2009)

[397] vgl. Nuernbergk, Christian: Die Mutmacher. S. 84

[398] vgl. Speth, Rudolf: Die politischen Strategien der Initiative Neue Soziale Marktwirtschaft. S. 5

[399] vgl. Gesamtmetall 2009: INSM ab Januar 2010 mit neuer Führung in Berlin.

[400] Gammelin, Cerstin und Götz Hamann: Die Strippenzieher. S. 158

würfe in den Medien um auf diese Weise für ihre Entwürfe zu werben und für eine höhere öffentliche Akzeptanz zu sorgen um auf diesen Umweg auch politischen Einfluß zu gewinnen.[401]

In der deutschen Think Tank Landschaft ist dies verhältnismäßig neu, wenngleich auch hier die Zunahme der Bedeutung der Medien für Ideenagenturen zunimmt und auch die Institutsleiter zunehmend die Sichtbarkeit und Darstellung ihrer Institute in den Medien zu erhöhen suchen.[402]

Insofern läßt sich die Initiative Neue Soziale Marktwirtschaft bei den advokatorischen Think Tanks,[403] beziehungsweise bei den interessengebundenen Ideenagenturen verorten.[404] Dafür spricht auch die enge Anbindung an das Institut der deutschen Wirtschaft, welches allemal als advokatorischer Think Tank der Arbeitgeberverbände gewertet werden muß.[405]

Es bleibt, wie erwähnt, ein gewisses Unbehagen. Dieses entsteht in erster Linie dadurch, daß Think Tanks auch in der deutschen Diskussion als wissenschaftliche Einrichtungen wahrgenommen werden, und die deutsche Kultur die Verbindung von Wissenschaft und Interessen nicht so gerne sieht.[406] Thunert schlägt für advokatorische Think Tanks, die in der Regel keine Grundlagenforschung betreiben sondern sich vor allem thematisch spezialisieren den Begriff des »Ideenmaklers« vor.[407] Wird die INSM in diesem Sinne nun als eine Einrichtung verstanden, die wissenschaftliche Studien in Auftrag gibt, dabei in der Weise die wissenschaftlichen Erkenntnisse selektiert um die eigene Tendenzkoalition damit zu munitionieren,[408] legt sich der von Gellner vorgeschlagene Begriff der interessengebundenen Ideenagentur[409] zur Beschreibung der Initiative Neue Soziale Marktwirtschaft fast schon von selbst nahe.

---

[401] vgl. Braml, Josef: Think Tanks versus »Denkfabriken«? 582

[402] vgl. Thunert, Martin: Think Tanks in Deutschland - Berater der Politik?S. 32

[403] im Sinne von: Braml, Josef: Think Tanks versus »Denkfabriken«?

[404] im Sinne von: Gellner, Winand: Ideenagenturen für Politik und Öffentlichkeit.

[405] vgl. Braml, Josef: Think Tanks versus »Denkfabriken«? S. 588f, Gellner, Winand: Ideenagenturen für Politik und Öffentlichkeit. S. 202f, Thunert, Martin: Think Tanks in Deutschland - Berater der Politik?S. 31f, Speth, Rudolf: Advokatorische Think Tanks und die Politisierung des Marktplatzes der Ideen, S 11f

[406] vgl. Braml, Josef: Think Tanks versus »Denkfabriken«? S. 570f

[407] vgl. Thunert, Martin: Think Tanks in Deutschland - Berater der Politik?S. 31

[408] vgl. Gellner, Winand: Ideenagenturen für Politik und Öffentlichkeit. S. 26

[409] vgl. ebd.: S. 36f

7. Schlußbetrachtungen

Die Initiative Neue Soziale Marktwirtschaft ist eine interessengebundene Ideenagentur im Sinne Winand Gellners. Der Weg zu dieser Erkenntnis war nicht vorgezeichnet, zumal diese Erkenntnis doch ein spürbares Unbehagen mit sich bringt, welches in der deutschen Kultur und Blick auf Wissenschaft und Interessenvertretung liegt.[410] Die Vorstellung, daß Wissenschaft frei von Interessen ist, ist zwar naiv aber trotzdem verbreitet. Sie prägt auch zu einem erheblichen Teil das deutsche Verständnis von Politikberatung.[411] Zudem bereitet auch der Umgang der INSM mit kritischen Journalisten[412] ein gewisses Unbehagen, dieser Einrichtung Wissenschaftlichkeit zuzuschreiben.

Neben der Erkenntnis, daß die Methoden und Strategien der INSM eng angelegt sind an jene amerikanischer advokatorischer Think Tanks, verbleibt eine weitere Erkenntnis, die sich aus der Sphäre des Lobbyismus und der Interessenvertretung ableitet, und die auch anwendbar ist auf interessengebundene Ideenagenturen: Es gibt mächtige Interessen und solche, die nicht über eine entsprechende Durchsetzungsmacht verfügen. Dieser Erkenntnis schlägt sich hinsichtlich interessengebundener Ideenagenturen darin nieder, daß der INSM durch den Arbeitgeberverband der Metall- und Elektroindustrie zehn Jahre lang jährlich ca. 10 Mio. für Werbung im Sinne der Interessen der Arbeitgeber zur Verfügung stehen.[413] Schlicht nicht vorstellbar ist, daß die Gewerkschaften mit einem vergleichbaren finanziellen Aufwand für die Interessen der Arbeitnehmer werben würden. Diese stießen sichtlich mit ihrer Plakataktion »Deine Stimme für Arbeit und soziale Gerechtigkeit« zur Bundestagswahl 1998 an ihre Grenzen.

Eine Forderung aus den Schlußbetrachtungen der Studie Christian Nuernbergks soll auch hier aufgegriffen werden: Es ist Aufgabe der Journalisten, für Transparenz zu sorgen und die Interessen, denen die INSM verpflichtet ist, offenzulegen.[414] Dazu gehört auch, die Finanziers der INSM zu nennen und im Rahmen von

---

[410] vgl. Braml, Josef: Think Tanks versus »Denkfabriken«? S. 570
[411] vgl. ebd.
[412] vgl. u.a. Krauss, Dietrich: Umarmung der Medien und Druck auf kritische Journalisten. S. 120f
[413] vgl. Speth, Rudolf: Die zweite Welle der Wirtschaftskampagnen. S. 10
[414] vgl. Nuernbergk, Christian: Die Mutmacher. S. 124

Medienkooperationen offenzulegen, woher der Wind weht. »Es ist äußerst fragwürdig, dass Redaktionen behaupten, sie selbst hätten eine Studie mit ausgewählten Forschungsfragen in Auftrag gegeben, wenn dies offensichtlich nicht der Richtigkeit entspricht und die Expertise stattdessen *allein* von einer Interessengruppe mit bestimmten Kommunikationsabsichten initiiert wurde«.[415]

Daß Gesamtmetall die INSM als eine Erfolgsgeschichte betrachten, bekunden sie auch in ihrer Pressemitteilung zur Verlängerung der Finanzierungszusage an die INSM aus dem Jahr 2009.[416] Zugleich kündigt sich in dieser Presseerklärung auch eine Veränderung der INSM an. Nicht nur, daß die INSM künftig in Berlin residieren wird, auch die Ankündigung, das Budget künftig zu straffen[417] läßt darauf schließen, daß es auch hinsichtlich der Strategie der INSM zu Veränderungen kommen wird. Diese werden möglicherweise Schlußfolgerungen darauf zulassen, welche Elemente der Kampagne als besonders erfolgreich betrachtet werden, so daß sie fortgesetzt werden. Den sich ankündigenden Wandel zu betrachten, wird Aufgabe weiterer wissenschaftlicher Arbeiten sein.

---

[415] Nuernbergk, Christian: Die Mutmacher. S. 124
[416] vgl. Gesamtmetall 2009: INSM ab Januar 2010 mit neuer Führung in Berlin.
[417] vgl. ebd.

8. Literatur

8.1. Monographien und Sammelbände

- Braml, Josef: *Think Tanks versus »Denkfabriken«? U.S. and German Policy Research Institutes' Coping with and Influencing Their Environments.* Baden-Baden 2004. Nomos Verlag.

- Cassel, Susanne: Politikberatung und Politikerberatung. Eine institutionenökonomische Analyse der wissenschaftlichen Beratung der Wirtschaftspolitik. Bern, Stuttgart, Wien 2001. Haupt Verlag.

- Gammelin, Cerstin/Götz Hamann: Die Strippenzieher. Manager, Minister, Medien – wie Deutschland regiert wird. Berlin 2006. Ullstein Buchverlage GmbH.

- Gellner, Winand: Ideenagenturen für Politik und Öffentlichkeit. Think Tanks in den USA und Deutschland. Opladen 1995. Westdeutscher Verlag. Studien zur Sozialwissenschaft Bd. 157.

- Heins, Volker: Der unsichtbare Händedruck. In: Leif, Thomas/Rudolf Speth (Hrsg.): *Die fünfte Gewalt. Lobbyismus in Deutschland.* Bonn 2006: Bundeszentrale für politische Bildung, Seite 69 – 75

- Hickel, Rudolf: Kassensturz. Sieben Gründe für eine andere Wirtschaftspolitik. Reinbek bei Hamburg 2006. Rowohlt Verlag.

- Hüther, Michael: Klassiker der Ökonomie. Von Adam Smith bis Amartya Sen. Bonn 2006. Bundeszentrale für politische Bildung.

- Kocks, Klaus: Das neue Lobbyinstrument – PR im Journalismus. In: Leif, Thomas/Rudolf Speth (Hrsg.): *Die stille Macht. Lobbyismus in Deutschland.* Wiesbaden 2003. Westdeutscher Verlag/GWV-Fachverlage GmbH. Seite 350 - 353

- Leif, Thomas/Rudolf Speth: Anatomie des Lobbyismus. Einführung in eine unbekannte Sphäre der Macht. In: Leif,

Thomas/Rudolf Speth (Hrsg.): *Die stille Macht. Lobbyismus in Deutschland.* Wiesbaden 2003. Westdeutscher Verlag/GWV-Fachverlage GmbH. S. 7 - 32

- Leif, Thomas/Rudolf Speth: Die fünfte Gewalt – Anatomie des Lobbyismus in Deutschland. in: Leif, Thomas/Rudolf Speth (Hrsg.): *Die fünfte Gewalt. Lobbyismus in Deutschland.* Bonn 2006: Bundeszentrale für politische Bildung, Seite 10 – 36.

- Lilienthal, Volker: Formierte Öffentlichkeit. Wie die Industrie programmprägend wirkt. In: Müller, Ulrich/Sven Giegold/Malte Arhelger (Hrsg.): Gesteuerte Demokratie? Hamburg 2004. VSA-Verlag. S. 111 – 120

- Lösche, Peter: Lobbyismus als spezifische Form der Politikberatung. in: Falk, Svenja, Dieter Rehfeld, Andrea Römmele, Martin Thunert (Hrsg.): *Handbuch Politikberatung.* Wiesbaden 2006. VS Verlag für Sozialwissenschaften Seite 334 – 342

- Lösche, Peter: Demokratie braucht Lobbying. in: Leif, Thomas/Rudolf Speth (Hrsg.): *Die fünfte Gewalt. Lobbyismus in Deutschland.* Bonn 2006. Bundeszentrale für politische Bildung, Seite 53 - 68

- Luhmann, Niklas: Die Realität der Massenmedien. Wiesbaden 2004. VS Verlag für Sozialwissenschaften/GWV Fachverlage GmbH.

- Messner, Dirk: Wissenschaftliche Politikberatung. Einige Anmerkungen zu einem schwierigen Verhältnis. in: Hirschler, Gerhard/Karl-Rudolf Korte (Hrsg.): *Information und Entscheidung.* Wiesbaden 2003. Westdeutscher Verlag, Seite 163 – 183.

- Müller, Albrecht: Machtwahn. Wie eine mittelmäßige Führungselite uns zugrunde richtet. München 2006. Droemer Verlag.

- Müller, Albrecht: Meinungsmache. Wie Wirtschaft, Politik und Medien uns das Denken abgewöhnen wollen. München 2009. Droemer-Verlag.

- Müller, Ulrich: »Reform«initiativen. In: Müller, Ulrich/Sven Giegold/Malte Arhelger (Hrsg.): Gesteuerte Demokratie? Hamburg 2004. VSA-Verlag. S. 41 – 51

- Nuernbergk, Christian: Die Mutmacher. Eine explorative Studie über die Öffentlichkeitsarbeit der Initiative Neue Soziale Marktwirtschaft. Magisterarbeit. Münster2005.

- Nuernbergk, Christian: Die PR-Kampagne der Initiative Neue Soziale Marktwirtschaft und ihr Erfolg in den Medien. Erste Ergebnisse einer Evaluationsstudie. In: Röttger, Ulrike (Hrsg.): PR-Kampagnen. Über die Inszenierung von Öffentlichkeit. 3. Überarbeitete und erweiterte Auflage 2006. Wiesbaden. VS Verlag für Sozialwissenschaften.

- Ptak, Ralf: Grundlagen des Neoliberalismus. In: Butterwegge, Christoph/Bettina Lösch/Ralf Ptak: Kritik des Neoliberalismus. Wiesbaden 2008. VS Verlag für Sozialwissenschaften/GWV Fachverlage GmbH. S. 13 - 86

- Redelfs, Manfred: Mehr Transparenz gegen die Macht der Lobbyisten. In: Leif, Thomas/Rudolf Speth (Hrsg.): *Die fünfte Gewalt. Lobbyismus in Deutschland.* Bonn 2006. Bundeszentrale für politische Bildung, Seite 333 – 350

- Rodenstock, Randolf: Chancen für alle. Die Neue Soziale Marktwirtschaft. Köln 2001. Deutscher Instituts-Verlag GmbH.

- Schumacher, Hajo: »Die ewig netten Herren«. Berlin ist die Hauptstadt eines wild wachsenden Lobbyismus. In: Leif, Thomas/Rudolf Speth (Hrsg.): *Die fünfte Gewalt. Lobbyismus in Deutschland.* Bonn 2006. Bundeszentrale für politische Bildung, Seite 78 – 87

- Speth, Rudolf: Wege und Entwicklungen der Interessenpolitik. in: Leif, Thomas/Rudolf Speth (Hrsg.): *Die fünfte Gewalt. Lobbyismus in Deutschland.* Bonn 2006. Bundeszentrale für politische Bildung, Seite 38 – 52

- Speth, Rudolf: Die Ministerialbürokratie: erste Adresse der Lobbyisten. In: Leif, Thomas/Rudolf Speth (Hrsg.): *Die fünfte Gewalt. Lobbyismus in Deutschland.* Bonn 2006. Bundeszentrale für politische Bildung, Seite 99 – 110

- Speth, Rudolf/Thomas Leif: Lobbying und PR am Beispiel der Initiative Neue Soziale Marktwirtschaft. in: Leif, Thomas/Rudolf Speth (Hrsg.): *Die fünfte Gewalt. Lobbyismus in Deutschland.* Bonn 2006. Bundeszentrale für politische Bildung, Seite 302 – 316.

- Stone, Diane: *The Policy Roles of Private Research Institutes in Global Politics*, in Karsten Ronit and Volker Schneider (Hrsg.) Private Organisations, Governance and Global Politics. London, Routledge, New York 2000. S. 187-207.

- Wehrmann, Iris: Lobbying in Deutschland - Begriff und Trends. in: Kleinfeld, Ralf, Annette Zimmer und Ulrich Willems (Hrsg.): Lobbying. Wiesbaden 2007. VS Verlag für Sozialwissenschaften/GWV Fachverlage GmbH. S. 36 - 64.

- Willke, Helmut: Atopia. Studien zur atopischen Gesellschaft. Frankfurt am Main 2001. Suhrkamp Verlag.

8.2. Zeitungen und Zeitschriften

- Mai, Manfred: Wissenschaft, Politik und Beratung. Zur Soziologie der wissenschaftlichen Politikberatung. In: *Zeitschrift für Politikberatung*. Volume 1 Bd. 3/4 Oktober 2008 S. 457 – 472 VS Verlag für Sozialwissenschaften

- Oppong, Marvin: ARD überraffelhüscht. In: taz vom 24.07.2009 Nr. 8943, 13. Jg./30. Woche S. 17.

- Thunert, Martin: Think Tanks in Deutschland - Berater der Politik? in: *Aus Politik und Zeitgeschichte* B51/2003 am 15.12.2003, Seite 30 - 38.

8.3. Internetquellen:[418]

- »Experte prognostiziert Vervierfachung« in: Süddeutsche Zeitung online vom 28.07.2007 http://www.sueddeutsche.de/politik/445/400228/text/ (17.07.2009)

- http://www.insm-bildungsmonitor.de/ (26.07.2009)

- http://www.insm-bildungsmonitor.de/2008_methodik.html[419] (26.09.2009)

- http://www.insm-bildungsmonitor.de/2008_best_nordrhein-westfalen.html[420] (28.09.2009)

- http://www.insm-bildungsmonitor.de/2008_faq.html[421] (28.09.2009)

- Gesamtmetall 2009: INSM ab Januar 2010 mit neuer Führung in Berlin. http://www.gesamtmetall.de/gesamtmetall/meonline.nsf/id/6A3E836F10F6B55AC12575F900384C8F?open&ccm=080

- Hamann, Götz: Lautsprecher des Kapitals in: Die Zeit, 04.05.2005, Nr. 19 http://pdf.zeit.de/2005/19/insm.pdf

- http://www.hayek-kreis.de/[422]

- Hayek-Kreis: Statement Mai 2009 http://www.hayek-kreis.de/pdf/statements/Statement%20(05_09).pdf

- http://www.insm.de/ (08.07.2009)

- http://www.insm.de/insm/ueber-die-insm/Kuratoren-und-Botschafter.html (08.07.2009)

---

[418] Um den Original-Charakter der Master-Arbeit zu erhalten, wurden die aktualisierten Links in Fußnoten aufgeführt. Links ohne Fußnote sind entweder noch aktuell oder auch über Internetarchive nicht mehr wiederherzustellen.

[419] https://web.archive.org/web/20090529145527/http://www.insm-bildungsmonitor.de/2008_methodik.html (29.10.2014)

[420] https://web.archive.org/web/20090414040706/http://www.insm-bildungsmonitor.de/2008_best_nordrhein-westfalen.html (29.10.20014)

[421] https://web.archive.org/web/20100115025534/http://www.insm-bildungsmonitor.de/2008_faq.html (29.10.2014)

[422] https://web.archive.org/web/20091031133056/http://www.hayek-kreis.de/ (29.10.2014)

- http://www.insm.de/insm/ueber-die-insm/Ziele-der-Initiative.html[423] (08.07.2009)

- http://www.insm.de/insm/ueber-die-insm/Leitbild-der-INSM.html[424] (08.07.2009)

- http://www.insm.de/insm/ueber-die-insm/FAQs.html[425] (08.07.2009)

- http://www.insm.de/insm/ueber-die-insm/INSM-Historie.html[426] (08.07.2009)

- http://www.insm.de/dms/insm/textdokumente/pdf/INSM-Anzeigen/Einstieg-in-Arbeit/Einstieg%20in%20Arbeit.pdf (08.07.2009)

- http://www.insm.de/insm/Aktionen/INSM-Kampagnen/Soziale-Marktwirtschaft-machts-besser/Bildergallerie-SoMaWi-machts-besser.html (08.07.2009)

- http://www.insm.de/insm/Community/Foerderverein/Mitglieder-des-Foerdervereins.html[427] (08.07.2009)

- http://www.insm.de/dms/insm/textdokumente/pdf/INSM-Anzeigen/INSM-Manifest-zur-Pflegeversicherung/INSM%20Manifest%20zur%20Pflegeversicherung.pdf

- http://www.insm.de/insm/Aktionen/INSM-Kampagnen/Rekordverschuldung/INSM-Game-Staatsknete.html (17.07.2009)

- http://www.insm.de/insm/Themen/Soziales/Rententricksereien-kosten-Milliarden.html (17.07.2009)

---

[423] https://web.archive.org/web/20101217014548/http://insm.de/insm/ueber-die-insm/Ziele-der-Initiative.html (29.10.2014)

[424] https://web.archive.org/web/20100928192125/http://insm.de/insm/ueber-die-insm/Leitbild-der-INSM.html (29.10.2014)

[425] https://web.archive.org/web/20101217030238/http://insm.de/insm/ueber-die-insm/FAQs.html (29.10.2014)

[426] https://web.archive.org/web/20101217014703/http://insm.de/insm/ueber-die-insm/INSM-Historie.html (29.10.2014)

[427] https://web.archive.org/web/20101007015626/http://insm.de/insm/Community/Foerderverein/Mitglieder-des-Foerdervereins.html (29.10.2014)

- http://www.insm.de/insm/Wissen/INSM-Tools/Reformbarometer.html (17.07.2009)

- http://www.verballer-die-staatsknete.de/game.html (17.07.2009)

- http://www.bundeslaenderranking.de/ (26.07.2009)

- http://www.insm.de/insm/Presse/Presseresonanz/INSM-Botschafter-Michael-Huether-Wer-hat-Angst-vor-den-Neoliberalen.html (26.07.2009)

- http://www.insm-wiwo-staedteranking.de/ (26.07.2009)

- http://www.insm-kindergartenmonitor.de/ (26.07.2009)

- http://www.bundeslaenderranking.de/2008_bl_dyn_nordrhein-westfalen.html[428] (26.07.2009).

- http://www.insm.de/insm/Themen/Soziales/INSM-Dossier-Gesundheit/Mut-zu-mehr-Wettbewerb-und-mehr-Eigenverantwortung.html[429] (03.08.2009)

- http://www.insm.de/insm/Aktionen/INSM-Anzeigen/Arbeit-ist-lebensnotwendig.html (03.08.2009)

- http://www.einstieg-in-arbeit.de/eia/Die-Kampagne/Aktionen/Huerdenlauf.html (03.08.2009)

- http://www.insm.de/insm/Aktionen/INSM-Studien/Rentenbeitr-ge-steigen.html (04.08.2009)

- http://www.iwkoeln.de/tabid/190/default.aspx (22.07.2009)

- http://www.iwkoeln.de/Portals/0/pdf/iw_selbstdarstellung.pdf (01.08.2009)

- http://www.konvent-fuer-deutschland.de/derKonvent/Organisation/[430] (19.07.2009)

---

[428] https://web.archive.org/web/20080620133136/http://www.bundeslaenderranking.de/2008_bl_dyn_nordrhein-westfalen.html (29.10.2014)

[429] https://web.archive.org/web/20101217043108/http://insm.de/insm/Themen/Soziales/INSM-Dossier-Gesundheit/Mut-zu-mehr-Wettbewerb-und-mehr-Eigenverantwortung.html (29.10.2014)

[430] https://web.archive.org/web/20081230053537/http://www.konvent-fuer-deutschland.de/derKonvent/Organisation/ (29.10.2014)

- Krauss, Dietrich: Umarmung der Medien und Druck auf kritische Journalisten. Die Initiative Neue Soziale Marktwirtschaft (INSM). In: nr-Dokumentation: Dunkelfeld Korruption. Wiesbaden 2006. http://www.netzwerkrecherche.de/dokumente/nr_doku_dunkel feld_korruption.pdf[431] (08.07.2009)

- Lilienthal, Volker 2003: Drittmittelfernsehen. In: Evangelischer Pressedienst. http://www.epd.de/medien/medien_index_14958.html[432] (17.07.2009).

- LobbyControl 2005: INSM und Marienhof – eine kritische Bewertung. http://www.lobbycontrol.de/blog/download/insm-marienhof-bewertung.pdf (17.07.2009)

- LobbyControl 2006: Presseecho zu Bildungsmonitor der INSM http://www.lobbycontrol.de/blog/index.php/2006/08/presse-echo-zu-bildungsmonitor-der-insm/#more-300 (31.07.2009)

- http://www.lobbycontrol.de/blog/index.php/2006/03/foderalis musreform-insm-foto-in-der-sz/ (17.07.2009)

- http://www.insm-merkelmeter.de/ (19.07.2009).

- Zur Methodik des »Merkelmeters« http://www.insm-merkelmeter.de/files/pdf/Merkelmeter_Methodik.pdf[433] (25.07.2009)

- http://www.insm-merkelmeter.de/downloads.html (25.07.2009)

- Müller, Ulrich und Heidi Klein (2006): Schaubühne für die Einflussreichen und Meinungsmacher. Der neoliberal geprägte Reformdiskurs bei »Sabine Christiansen«.

---

[431]   https://netzwerkrecherche.org/wp-content/uploads/2014/07/nr-werkstatt-03-dunkelfeld-korruption.pdf (29.10.2014)

[432] https://web.archive.org/web/20081024033822/http://www.epd.de/medien/medien_i ndex_14958.html (29.10.2014)

[433] Methodik des Merkelmeters: https://web.archive.org/web/20131207132944/http://2005-2009.deutschland-check.de/ueberdiemethodikderstudie.html (24.10.2014)

http://www.lobbycontrol.de/blog/download/Christiansen-Schaubuehne_komplett_7Sept2006.pdf (17.07.2009)

- http://www.netzeitung.de/wirtschaft/wirtschaftspolitik/391542 .html[434] (03.08.2009)

- Otte, Nicole: Die Medien einschüchtern. In: Der Freitag am 11.11.2005 http://www.freitag.de/politik/0545-druck-berichterstattung (17.07.2009)

- Otte, Nicole: Kritiken häufen sich. Lobbygruppe INSM bedrängt Journalisten. http://mmm.verdi.de/archiv/2005/12_05-01_06/journalismus/kritiken_haeufen_sich (19.07.2009)

- Scharnagel, Benjamin: Rolle rückwärts in Berlin. Studie des Instituts der deutschen Wirtschaft Köln für das »Merkelmeter« im Auftrag der Initiative Neue Soziale Marktwirtschaft (INSM) und der WirtschaftsWoche. http://www.insm-merkelmeter.de/files/pdf/neuntes-insm-wiwo-merkelmeter.pdf (25.07.2009)

- Scharnagel, Benjamin: Blauer Brief für die Bundesregierung – noch ein Jahr Zeit zum Nachsitzen. Studie des Instituts der deutschen Wirtschaft Köln für das »Merkelmeter« im Auftrag der Initiative Neue Soziale Marktwirtschaft (INSM) und der WirtschaftsWoche. http://www.insm-merkelmeter.de/files/pdf/zehntes-insm-merkelmeter.pdf.pdf (25.07.2009)

- Scharnagel, Benjamin: Konjunkturpakete – Mit dem Zweiten hilft man besser! Studie des Instituts der deutschen Wirtschaft Köln für das »Merkelmeter« im Auftrag der Initiative Neue Soziale Marktwirtschaft (INSM) und der WirtschaftsWoche. http://www.insm-merkelmeter.de/files/pdf/elftes-merkelmeter.pdf[435] (25.07.2009)

---

[434] https://web.archive.org/web/20090808100327/http://www.netzeitung.de/wirtsch aft/wirtschaftspolitik/391542.html (29.10.2014)

[435] Scharnagel, Benjamin: Konjunkturpakete – Mit dem Zweiten hilft man besser! https://web.archive.org/web/20131207133609/http://2005-2009.deutschland-check.de/files/pdf/11_INSM-WiWo-Politikanalyse%20des%20IW-Koeln.pdf (24.10.2014) Dies ist die einzige in der Master-Arbeit bearbeitete Studie, die im

- Schnedler, Thomas: Getrennte Welten? Journalismus und PR in Deutschland. Argumente zur Debatte um den Medienkodex des netzwerk recherche. http://www.netzwerkrecherche.de/docs/nr-studie_pr_und_journalismus_lang.pdf[436] (13.07.2009)

- Schuldt, Karsten: Mit Punkten Bildungspolitik machen. http://bildungundgutesleben.blogsome.com/2007/08/25/mit-punkten-bildungspolitik-machen/ (26.07.2009)

- Schumann, Harald: Die APO des Kapitals. Tagesspiegel am 31.10.2004. http://www.tagesspiegel.de/zeitung/Die-Dritte-Seite;art705,2277411[437]

- Speth, Rudolf: Die politischen Strategien der Initiative Neue Soziale Marktwirtschaft. Studie für die Hans-Böckler-Stiftung 2004. http://www.rudolfspeth.de/PDF/INSM.pdf[438] (08.07.2009)

- Speth, Rudolf: Advokatorische Think Tanks und die Politisierung des Marktplatzes der Ideen, Berlin 2006 (Friedrich Ebert Stiftung, betriff: Bürgergesellschaft 24) http://www.rudolfspeth.de/PDF/Advokatorische%20Think%20Tanks.pdf[439]

- Speth, Rudolf: Die zweite Welle der Wirtschaftskampagnen. Von »Du bist Deutschland« bis »Stiftung Marktwirtschaft«. Studie für die Hans-Böckler-Stiftung 2006 http://www.rudolfspeth.de/PDF/2.Welle_Studie.pdf [440](08.07.2009)

- http://www.stiftung-marktwirtschaft.de/ (15.07.2009)

- http://www.unicheck.de/index.html[441] (26.07.2009)

Internet-Archiv erhalten wurde.

[436] http://bisher.netzwerkrecherche.de/files/nr-werkstatt-08-getrennte-welten.pdf (02.11.2014)

[437] https://web.archive.org/web/20090425181158/http://www.tagesspiegel.de/zeitung/Die-Dritte-Seite;art705,2277411 (29.10.2014)

[438] http://rudolf-speth.de/images/insm.pdf (24.10.2014)

[439] http://rudolf-speth.de/images/thinktanks.pdf (24.10.2014)

[440] http://rudolf-speth.de/images/zweitewelle.pdf (24.10.2014)

[441] http://www.unicheck.de/ (29.10.2014) Die INSM ist allerdings inzwischen aus diesem Projekt ausgestiegen. Die UNICUM GmbH & Co. KG, die unter anderem

- http://www.unicheck.de/about/targets.html[442] (26.07.2009)

- http://www.unicheck.de/about/Initiatoren.html[443] (26.07.2009)

- http://www.unicheck.de/about/Methodik-und-Bewertung.html[444] (28.07.2009)

- http://www.vision-d.de/Hintergrund.html[445] (08.07.2009)

- http://www.vision-d.de/Die_Reformdividende/Content/Huether__Buerger_erhalten_bis_zu_90.000_Euro_mehr/IW-Chef_Michael_Huether__Buerger_erhalten_bis_zu_90.000_Euro_mehr_durch_Reformen.html?anchor=abs432[446] (08.07.2009)

- http://daserste.ndr.de/annewill/archiv/gaesteliste290.html[447] (17.07.2009)

---

die Studentenzeitung Unicum vertreibt und bei diesem Projekt der INSM von Anfang an dabei war, hat die Seite nun komplett übernommen und führt sie in Eigenregie weiter (vgl. http://www.unicheck.de/impressum).

[442] https://web.archive.org/web/20090209184335/http://unicheck.de/about/targets.html (29.10.2014)

[443] https://web.archive.org/web/20090209184736/http://unicheck.de/about/Initiatoren.html (29.10.2014)

[444] https://web.archive.org/web/20090410142647/http://www.unicheck.de/about/Methodik-und-Bewertung.html (29.10.2014)

[445] https://web.archive.org/web/20090511101030/http://www.vision-d.de/Hintergrund.html (29.10.2014)

[446] https://web.archive.org/web/20071013090421/http://www.vision-d.de/Die_Reformdividende/Content/Huether__Buerger_erhalten_bis_zu_90.000_Euro_mehr/IW-Chef_Michael_Huether__Buerger_erhalten_bis_zu_90.000_Euro_mehr_durch_Reformen.html?anchor=abs432 (29.10.2014)

[447] https://web.archive.org/web/20090821221831/http://daserste.ndr.de/annewill/archiv/gaesteliste290.html (29.10.2014)

Literatur nach Fertigstellung der Arbeit

Es ist schon bedauerlich, daß die hier aufgezählten Bücher und Studien nicht bereits während der Erstellung dieser Arbeit zur Verfügung standen. Aber letztlich ist dies ein grundsätzliches Problem von Universitätsarbeiten, die sich mit einem aktuellen Thema befassen: nach Fertigstellung und Abgabe der Arbeit erscheint stets ein neues Buch oder eine neue Studie, die gut in die Arbeit gepaßt hätte.

Hier folgen einige Literaturhinweise mit einer kurzen Einordnung, die zum Thema dieser Arbeit passen, jedoch nach Fertigstellung der Arbeit erschienen oder durch den Autor entdeckt wurden.

»Die ökonomische Rationalität in die Öffentlichkeit tragen«

Die Dissertation des Politikwissenschaftlers Norbert Nicoll an der RWTH Aachen mit dem Titel *»»Die ökonomische Rationalität in die Öffentlichkeit tragen«. Zur Arbeit und Wirkungsweise der Initiative Neue Soziale Marktwirtschaft (2000-2006)«* erschien 2008 im Tectum-Verlag und ist inzwischen leider nicht mehr im Buchhandel erhältlich.

In seiner Dissertation beschreibt Nicoll umfangreich das Wirken der INSM und legt zudem die Zusammenhänge des Erscheinens und der Tätigkeit der Initiative mit der Ausbreitung der neoliberalen Ideologie dar. Wie paßt die Initiative in die Strategie neoliberaler Netzwerke? Die Beantwortung dieser Frage bildet einen wesentlichen Schwerpunkt in der fast 300 Seiten umfassenden Dissertation Nicolls, die einen wertvollen und wichtigen Beitrag zur Diskussion um Herkunft, Ideologie und Methoden der INSM leistet.

Wie bereits erwähnt ist die Arbeit im Buchhandel nicht mehr erhältlich, dafür jedoch in zahlreichen Bibliotheken, so daß sie für Studenten leicht über die Fernleihe erhältlich ist.

»Black Box Bildungsmonitor?«

Von Tobias Kaphegyi erschien im Jahr 2011 die Studie *»Black Box Bildungsmonitor? Ein Blick hinter den Reiz des Rankings«*, die in einer Lang- und einer Kurzfassung ebenfalls über das Internet zu beziehen ist:

Langfassung: *http://www.gew.de/Binaries/Binary80604/Black+Box+Bildungsmonitor+-+Ein+Blick+hinter+den+Reiz+des+Rankings+%281%29.pdf*

Kurzfassung: *http://www.gew.de/Binaries/Binary80605/Kurzfassung++Black+Box+Bildungsmonitor+%282%29.pdf*

Die Studie wirft einen kritischen Blick auf die Konzeption des Bildungsmonitors wie auch auf die Wahrnehmung der Ergebnisse in der Öffentlichkeit. Hervorgehoben werden unter anderem die Konstruktionsschwächen der Studie sowie die unkritische Wahrnehmung in der Öffentlichkeit. Exemplarisch werden in der Studie ausgewählte Handlungsfelder untersucht.

»Wem gehört die ökonomische Bildung?«

Dieser Fragestellung gehen die Bielefelder Soziologen Lucca Möller B.A. und Prof. Dr. Reinhold Hedtke in ihrer gleichnamigen Studie nach, die über das Internet unter der Adresse

    http://www.iboeb.org/moeller_hedtke_netzwerkstudie.pdf

zu beiziehen ist.

Bedeutung für das Thema der Strukturen und Methoden der INSM hat diese Studie insoweit, als sie die neoliberale Hegemonie in der ökonomischen Bildung beleuchtet und dabei auch direkten Bezug auf die Initiative Neue Soziale Marktwirtschaft nimmt.[448]

Auch hier können wertvolle Hinweise auf die Einbettung der INSM in neoliberale Netzwerke gezogen werden.

---

[448] vgl. Möller, Lucca und Reinhold Hedtke: Wem gehört die ökonomische Bildung? unter anderem: S. 9, S. 21, S. 31f

»Du bist Deutschland«?

Die Diplom-Arbeit *»»Du bist Deutschland«? Motive der Kampagnen zur Förderung des Bürgerbewußtseins«* von Uta Renken, erschienen 2009 im Tectum-Verlag, enthält auch ein Kapitel über die INSM. Anhand eines Kampagnenmodells werden neben der INSM auch der »BürgerKonvent« und die Kampagne »Du bist Deutschland« untersucht.
Neben der Untersuchung und des Vergleichs der Strukturen der untersuchten Kampagnen wird auch ein Blick auf die Motive und Gemeinsamkeiten geworfen.

»INSM & Co.«

Auslöser für das Buch *»INSM & Co. Wie die Wirtschaft unser Bewußtsein steuern will.«* des Autors dieser Master-Thesis, das 2015 in dritter Auflage erschien, war unter anderem diese Arbeit. Auf 252 Seiten werden die Methoden, Strategien und Aktionen der INSM untersucht und diskutiert, sowie Verbindungen und Interessen dargestellt, die hinter der Gründung neoliberaler Initiativen und Konvente liegen. Neben der INSM, die im Mittelpunkt des Buches stehen, wird auch der »Konvent für Deutschland«, der »BürgerKonvent«, die Medienkampagne »Du bist Deutschland« und die »Stiftung Marktwirtschaft« betrachtet und die Gemeinsamkeiten und Verbindungen zur INSM untersucht.